사랑을 꿈꾸는 중년들

성경원

지성공간

사랑을
꿈꾸는
중년들

2011년 10월 30일 1판 1쇄 인쇄
2011년 11월 5일 1판 1쇄 발행

지은이 성경원
펴낸이 한정주
펴낸곳 지성공간

등 록 2008년 8월 26일 제406-2008-000067호
주 소 경기도 파주시 교하읍 문발리 파주출판문화정보산업단지 514-5
전 화 031-955-6956~8
팩 스 031-955-6037
홈페이지 www.kyoyookbook.co.kr

ISBN 978-89-961723-7-6 03330
값 12,000원

서문

섹스는 인간의 기본적 욕구 중 하나다.

첫째가 배고플 때 먹어야 하는 거고, 둘째가 밤 일 하고 싶은 욕구이기 때문에 결혼한 사람들은 같이 잘 자야 한다. 동물들이야 발정기가 따로 있고 오직 종족번식 때만 허락하지만, 인간은 동물과 달리 일 년 내내 시도 때도 없이 욕구가 생겨 쾌락을 맛볼 수 있기 때문에 섹스는 신이 내린 최고의 선물이라 할 수 있다.

그런데 유럽비뇨기과학회 조사에 의하면 '당신의 인생에서 성생활이 얼마나 중요합니까?'라는 질문에 우리나라 남성 91%, 여성 85%가 매우 중요하다고 응답해 전 세계 29개 나라 중에 당당히 1등을 차지했지만 '현재 성생활에 얼마나 만족하십니까?'라는 질문에는 남성 9%, 여성 7%만이 매우 만족하다고 응답해 어처구니없게 꼴등을 해 버렸다. 이 얼마나 웃기는 일인가? 그렇다면 왜 그렇게 만족하지 못하고 살까?

부부가 잠자리에서 찰떡궁합이면 그것보다 더 좋을 순 없겠지만 그게 그리 쉽지만은 않다. 젊었을 때야 모르지만 나이가 들어감에 따라 몸과 마음에 노화가 따라와 어떤 부부라도 성 갈등에서 자유롭지 못하다. 남편이 조루라서 오르가즘을 경험하기 어렵거나 발기부전이라서 시도조차 하기 어렵고, 성기 사이즈 때문에 불만인 경우도 있다. 또한 아내가 불감증이거나 성욕이 저하되어 거부하는 일이 많아지면 코드가 달라 갈등을 겪는 부부들이 많다.

그런데다 남녀간의 사랑의 생명은 생각보다 짧다. 미국 코넬대학 연구팀의 연구 결과 남녀가 결혼하면 애정을 느끼는 기간이 18~30개월 정도라고 한다. 이 단계가 지나면 상대방을 보아도 더 이상 가슴이 뛰거나 손에 땀이 나는 일이 없어진다고 한다. 긴장을 풀고 살면서 함부로 대하다 보면 부부는 성적 매력이 무뎌지고 아무 느낌 없는 가족이 돼 버린다. 게다가 새로운 노력 없이 판에 박힌 듯 성관계는 매너리즘에 빠져 황홀함이나 달콤함이 없고, 더 이상 흥분이 되지 않다보니 섹스리스 부부가 되기 십상이다.

또한 부부는 일심동체라는 말에 속아 서로 말하지 않아도 '알아서 해 주려니'하는데, 그것처럼 어리석은 것도 없다. 그걸 꼭 말로 해야 하냐고 반문하지만 꼭 말로 해야 안다. 입 꼭 다물고 있다가는 소통부족으로 부부 사이는 점점 멀어질 것이다. 살 맞대고 사는 부부라지만 서로 모르고 살기 쉽다. 내 남편이 정말 만족을 한 걸까? 내 아내는 즐거웠을까? 성에 대한 왜곡된 환상이나 두려움은 날려버리고 부부가 진솔한 성적 대화를 시작할 때 사랑의 방정식을 풀어 나갈 수 있다. 메마른 피부를 비벼대며 따스한 온기를 느낄 때 소싯적 애틋한 감정은 솟구치고 깊어 가는 부부 사이는 살 맛 나는 세상이 될 것이다. 그래서 결혼 전에는 눈을 크게 뜨고 상대방을 잘 살펴보고, 일단 결혼한 후에는 눈을 반쯤만 뜨고 상대를 보라고 한다. 결혼생활의 3할은 사랑이고, 7할은 용서이다. 부부사랑의 성공은 이해와 용서로 서로 감싸주는 것이다.

그동안 밤낮을 가리지 않고 전국을 다니며 특강과 성상담을 통해 사랑과 성에 대한 공부를 하고 또한 칼럼을 쓰며 많은 연구를 하다 보니 그동안 잘 몰랐던 사실에 놀라며 많은 분들께 빨리, 그리고 널리 알리고 싶었다. 이 책은 사랑과 성에 대해 잘못 알고 있거나 지식이 부족한 부부들, 대화가 없어서 상대 마음을 몰라 오해하는 부부들이 읽으면 참 좋을 것이다. 이 책을 잘 활용하려면 먼저 읽는 사람이 밑줄을 치는 것이다. 그 뒤에 읽는 배우자가 그 줄을 따라 읽는다면 상대가 무엇을 말하고 싶은지 알 것이고, 부부는 환한 길을 같이 걸을 것이다. 이 책을 보는 모든 이들의 행복한 부부생활을 기원합니다.

2011년 시월에

또 새로운 **성 경 원**

목차

행복

사랑

에로스

열정

제1장 행복

문자 메시지를 날리는 아내

01

사람나이 마흔이 넘으면

자기 자신에 책임을 져야 하는 나이라고들 말한다. 그 사람의 살아온 인생이 훤히 보인다고 한다. 그런데 여기에 한 가지 덧붙여야 할 것이 바로 성 기능이다.

나이가 들면 정액도 줄어든다. 그 이유는 무엇일까. 대부분의 남성들은 젊었을 때 정력을 너무 많이 소모했기 때문일 것이라고 단정하며 객기 부렸던 과거 자신의 행동을 자책하기도 한다. 하지만 정액이 줄어드는 것은 자연스러운 노화현상일 뿐이다. 소변을 자주 본다거나 오줌발이 시원치 않은 증상도 마찬가지다. 방광 아래에 붙어 있는 전립선은 소변이 나가는 요도 줄기를 감싸고 있으며 전립선액은 고환에서 만들어진 정자에 영양분을 공급한다. 그런데 중년이후 많이 찾아오는 전립선염은 완치가 어렵고 재발도 잘되며 성 기능에 절대적인 영향을 미친다. 전립선에 소변이나 세균이 들어가 염증을 일으키기도 하고, 사정을 오래 안 했을 때 정액이 고환이나 전립선에 고여 주위조직을 압박하는 통증으로 나타나기도 한다. 격무로 인해 의무방어전조차 치르지 못하는 남성들은 특히 조심해야 한다. 이것은 규칙적인 성관계로 정액을 배출시켜 통증을 완화할 수 있다. 미국의학협회 저널에 실린 하버드대학의 논문에 따르면 매달 20회 이상 사정을 하는 남성은 그렇지 않은 남성보다 전립선 암 발병률이 33%나 낮았다. 왕성한 성생활이 테스토스테론 생성과 전립선암 발생률을 떨어뜨리는 것으로 나타났다.

대부분의 40대 남성들의 습관을 뚫어진 창문으로 들여다보면 대충 이렇다. 직장에서 심한 스트레스를 받고, 그 스트레스는 주로 술로 풀고 있으며, 그로 인해 성생활에 대한 의욕이 상실되기 시작한다. 스트레스와 과음은 성욕저하, 조루증, 발기부전 등을 불러 결국 남성의 성 기능을 잃어버리게 되는데 악순환의 고리를 만들어 그것을 풀기 위해 또 다시 술을 마시고, 약화된 정력을 더 악화시켜 그 다음에 전립선 이상이 따라 온다.

술 마실 때 술만 마시면 또 그나마 다행인데 친구를 부른다는 게 바로 담배. 나쁜 놈은 나쁜 놈들끼리 놀게 마련이다. 미국 듀크대학 제드 로스 박사는 니코틴-담배연구보고서에서 알코올이 니코틴의 보상효과를 상승시켜 술 마실 때 담배를 더 피우게 된다고 밝혔다. 즉 술 마실 때 담배를 피우면 니코틴에 의한 만족감이 증폭된다는 것이다. 이것을 금상첨화라고 해야 하나, 설상가상이라고 하나?

이때 구원투수가 나서야 한다. 그게 누구냐? 집에서 굶고 있는 아내다. 요즘같이 날씨가 늘 꾸물거리고 비가 자주 오는 때는

퇴근시간 몇 시간 전에 평상시 목소리보다 한 톤 올려서 이왕이면 과거 연애할 때 부르던 이름으로 전화를 건다.

"여보세요? 미쓰 성이에요. 괜찮으시다면 퇴근 후 술 한 잔 할 수 있을까요?"라던지,

"퇴근 후 술 한 잔 어때요? 미쓰 성"이라고 문자 메시지를 날린다.

귀가하는 남편이 볼 수 있게 현관문에는 남편의 입맛대로 '삐리리 호프' '삐리리 왕대포'라는 간판을 붙여놓고, 한 수 더 떠서 요즘 유행하는 배꼽티에 미니스커트까지 입어주고 나긋나긋하게

"어서 오세요, 손님 뭘로 하실까요?"

하면서 반갑게 맞이한다. 이쯤 되면 남편과 아내의 얼굴에는 웃음꽃이 피어난다. 비 오는 날은 집 안에 기름 냄새 풍기는 부침개가

제격이다. 평소 남편이 즐기는 안주 두세 가지 맛나게 만들어 한 상 차려놓고 잔을 부닥치면서 주거니 받거니 해보자. 정신이 알딸딸하게 마시면 남편은 괜찮은 사내다우려고 혼자 끌어안고 있던 고민보따리를 물어보지 않아도 술술 불어댈 것이다. 아내는 이때를 놓치지 말고,

"걱정 마라 그렇게 힘들면 때려 치워. 내가 멕여 살릴께." 하며 격려 해준다면 아내가 눈물나게 고맙고 듬직하고 예뻐 보이지 않을까? 스트레스 풀려, 술 적당히 마셔, 담배친구 안 불러, 아랫도리 불끈 솟아, 전립선 좋아져, 아내들이여! 앉아서 굶지 말고 서서 챙기면 둘 다 좋겠지?

집에 있는 보물찾기

02

인간의 성은 동물들과 같이

주기적인 발정기의 냄새에 의해서가 아니라 시각적 자극에 의해 동기가 유발되는 특이성이 있다. 그러므로 인간의 성생활에 미치는 계절적 영향은 단지 호르몬의 변화에 국한하지 않고, 여름 더위에 따른 노출의 영향이 더 클 수도 있다.

세계적으로 성생활의 빈도를 조사한 연구들을 보면, 성생활이 가장 활발한 종족은 날씨가 더운 중동이나 중남미, 문화적으로 노출이 큰 옷차림이 일상화된 전통을 가진 나라들이다. 옷차림부터가 보수적인 한국, 일본, 중국과 같은 동북아 나라들은 그 빈도가 현저히 떨어진다.

봄이 여성의 계절이라는 말은 옛말. 최근 초미니와 민소매가 인기 절정을 이루면서 여성의 계절이 여름으로 바뀐 것 같다. 요즘 길거리에 나가보면 여성들의 노출이 더욱 대담해져 거의 헐벗는 패션이다. 탱크톱에 미니스커트에 배꼽티, 그동안 음지에 숨어 있던 브라끈을 양지로 끌어내고 심지어 똥 싼 바지에 팬티를 밖으로 끄집어내기도 하며 가슴과 등을 훤히 드러내며 섹시한 매력을 흘리고 다니는 여성들이 아주 많다. TV에서 1년에 한두 번쯤 영화제 시상식에서나 볼 수 있는 장면들을 매일 볼 수 있다.

조사에 의하면 여성의 74%가 "자신감만 있으면 몸매를 드러낼 수 있다"고 답해 노출에 대해 달라진 세태를 알 수 있다. 게다가 올해 패션 모토는 '더 짧게, 더 슬림하게, 더 화려하게'란다. 더 개성 있게, 더 과감하게, 더 섹시하게 진화한 것이다. 강물을 거꾸로 거슬러 올라가는 힘찬 연어가 아니고서야 이제 노출 패션을 거부할 수는 없게 됐다. 신체 노출은 결국 자기만족의 표현이다. 인간에게 의복은 신체를 감추면서도 드러내고 싶어하는 양면성을 갖고 있다는 말이다.

지나친 노출 패션이 성범죄를 부른다는 지적도 있다. 여성의 노출 패션을 이성을 유혹하기 위한 수단으로 생각하는 남성들이 많다. 남성들은 시각에 의해 성욕이 자극되므로 충분히 그렇게 생각할 수도 있다. 아무도 없는 길을 혼자 가다가 떨어져있는 돈을 발견했을 때 생기는 갈등처럼 별 생각 없이 가다가 거의 벗다시피 한 옷차림을 한 여자를 보면 흑심이 생기는 것과 같은 이치다. 그러나 남자들의 성욕은 스스로 제어할 수 있다. 누구나 본능대로 행동하지는 않는데 우리사회는 '남자는 못 참는다더라' 면서 남성의 성욕에 대해서는 관대하다. 이제는 노출에 대해 자연스럽게 봐주는 시각이 필요할 때다. 우스갯소리로 베트남 여성들이 치마를 입은 채 자전거를 타고 가면 이를 빤히 쳐다보는 사람은 한국 남성들뿐이고 외국의 누드 비치에 가서 사진 찍는 이들도 한국 남성들이란다.

문제는 남성들이 직장에서나 거리에서 이런 여성들을 보다가 퇴근해서 집에 왔을 때 아내의 패션과 비교를 하게 된다는데 있다. 수더분하게 입고 있어야 안심이 되면서도 한편으로는 섹시하지 않은 것에 대해 실망하기도 한다. 그렇다고 야하고 섹시한 옷을 입고 있다면 또 뭐라고 할 것인가? '누구 보여줄라고 그렇게 파진 옷을 입냐'고 당장 벗으라고 난리 칠 지도 모르니 남성들의 이중 잣대는 고무줄 잣대임에 틀림없다. 남성들은 자신과 상관없는 여성들의 야한 옷차림은 은연중 반기지만 내 아내나 딸의 아슬아슬한 옷차림은 못 참아준다. 자신이 밖에 있는 여자들에게 한 것처럼 뭇 남성들의 게슴츠레한 시선으로 자신의 아내나 딸을 바라보는 것은 매우 불쾌하신 것이다.

시각에 약한 남편들의 시선을 끌 기회가 왔다. 항상 7월말 8월초가 피서의 피크이고 보면 어느 가정이나 휴가 계획을 세우고 있을 것이다. 아내는 큰 맘 먹고 야한 수영복 하나 준비하자. 물론 언제 샀는지 기억조차 안 나는 포대기만한 남편의 수영팬티도 쳐다보기 민망한 손바닥만한 걸로 바꿔주자. 물가에 가서 텐트 속에서 갈아입고 나온 아내와 남편은 서로 쳐다보면서 아마 엄청 놀랄 것이다.

"내 아내가 저렇단 말이지? 내 남편도 참 섹시하네… 이게 웬 일이야?"

길거리에 다니는 젊은 여자만 쳐다본 거 속으로 회개하며 수영보다 더 급한 볼 일 보러 다시 텐트 속으로 들어가지 않을까?

03

날아가는 아내와 기는 남편

성경 고린도 전서 7장 4절에는 '아내가 자기 몸을 주장하지 못하고 오직 그 남편이 하며, 남편도 이와 같이 자기 몸을 주장하지 못하고 오직 그 아내가 하나니.' 성행위의 요구는 어느 일방이 아니라 부부 간 동등하다는 것을 분명히 하고 있다.

누구나 한번쯤은 배고팠던 적이나 목말라 해 본 적이 있을 것이다. 허기를 채우기 위해, 갈증을 해소하기 위해 체면을 구기더라도 욕구를 해결하고 싶은 심정을 이해할 것이다. 최소한의 자존심이 무너지더라도 구걸하고 싶은 마음이 바로 그것이다. 근본적인 욕구를 채우지 못해 생기는 갈망은 심한 좌절과 분노까지 동반하는데, 부부간 관계에서도 마찬가지다. 우리나라 부부는 성관계를 성실히 하지 않거나 그런 노력을 하지 않아 갈증을 느끼는 쪽은 거의 여성들이다. 남성은 욕구가 있으면 언제나 접근과 공격이 가능하나, 남자의 성욕 없이는 불가능하므로 여성은 자연히 수동적이 될 수밖에 없다. 특히 중년이 되면 발기부전이나 조루 등으로 능력이 안 되거나 일방적인 성행위를 시도하는 남편의 아내는 성에 대한 권리를 포기한 채 살아왔다.

그러나 요즘은 여성들이 달라지고 있다. 대한비뇨기과학회 학술대회에 발표에 의하면, 아내가 남편에게 성행위를 요구하는 빈도가 61.5%, 잠자리에서 체위를 바꾸는 등 적극적인 성 태도를 보이는 경우가 52.2%라고 한다. 이밖에 31.5%의 여성들이 배우자의 성 능력에 대해 불만을 표현하고 있으며, 12%는 성 기능 장애를 치료받도록 권하고 있다고 한다. 찍소리도 못 내던 여성들이 성문화가 개방되고 여성의 사회적 활동이 왕성해지면서 이러한 종류의 성적 갈등이 삐져나오기 시작한다.

"참 살다보니 별 꼴을 나 보네. 이제 좋은 세상 다 지나갔어. 여자들이 보통 잘났어야지. 정신 바짝 차려야지 잘못하다간 쫓겨나는 수가 있어. 운동도 열심히 하고, 술도 조금만 마시고 담배는 물론 끊어야겠지? 잠자리도 신경 쓰고 공을 들여야지. 나만 좋으면 안되고 같이 즐거워야 된단 말이지?"

최근 들어 남편의 성적 무능을 이유로 이혼을 신청하는 아내들, 불륜을 저지른 주제에 남편이 눈감아 줄테니 그냥 살자고 해도 이혼하자고 덤비는 아내들이 늘어나고 있다. 우스갯소리로 '있을 때 잘 하자'는 말이 있다. 요즘은 과거같이 이혼이 대단한 뉴스거리가 안되는 데다 뭘 믿고 그러는지 여성들이 훨씬 더 당당하게 나온다. 이혼에 관한 의식조사 결과에 따르면 '이혼이 부끄러운 일이냐'는 질문에 '그렇다'고 응답한 사람은 남성이 70.6%인 반면

여성은 42.8%에 그쳤다. 대부분의 남성은 이혼을 부끄러운 일로 여기지만, 과반수가 넘는 여성은 이혼이 부끄럽지 않다는 것이다. 뭔가 잘 맞지 않고 지금보다 더 좋은 삶을 살 수 있을 거란 생각이 들면 헤어질 수도 있다는 얘기다. 거기에 바로 성관계가 중대한 사유로 등장하게 된다. 결혼정보회사에 의하면 요즘은

"성적인 이유로 재혼하고 싶다"고 솔직히 밝히는 사람들도 있을 만큼 대범해졌고, 성적인 문제로 이혼하진 않았지만 부부간의 성도 중요하기 때문에 '잠자리 데이트도 필요하다'고 하는 고객이 있다고 한다.

세상이 변해서 잘 난 여성들은 날아가는데 못난 남성들은 기고 있는 꼴이다. 사태의 심각성을 잘 모르는 남성들! 빨리 감지하는 남성들은 그나마 다행이지만 보통의 남성들은 앞으로 살아갈 날이 고달프기만 하다. 가뜩이나 밖에 나가서 돈 벌기도 힘든 세

상에 집에 들어가서는 그저 편히 쉬고 싶지만 잠자리에서 눈치 없이 쉬다가는 혼자 살게 될지도 모른다. 요즘을 살아가는 남성들은 죽을 맛이다. 돈 많이 벌어야지, 승진해야지, 밤 일 잘 해야지… 그렇다고 기는 남편과 헤어지는 게 능사는 아니다. 아내들은 마사지 해 주고 침 발라주며 '당신이 최고'라고 추켜 줘 가며 같이 날아가는 마술을 부려보면 어떨까?

남성이 벗어주면 여성은 고맙지

04

커다란 욕조에 혼자 몸을 담그고 미소짓는 남성, 역삼각형 몸매의 남성이 등장한다. 남자의 얼굴은 보이지 않고 근육 잡힌 구릿빛 상체만이 어둠 속에서 두드러지게 보인다. 남자의 벗은 몸과 아무 맥락이 닿지 않고, 때로는 남성과 전혀 상관없는 여성용 제품 광고에조차 마님을 위해 장작을 패야만 할 것 같은 웃통 벗은 근육질 남성이 수시로 등장한다. 주방용품, 아파트광고까지 남자의 관능이 광고의 단골 소재로 소비되고 있다. 초콜릿근이니 씩스팩이니 이런 남자들의 벗은 몸과 이들은 대체 무슨 연관이 있을까? 콕 찍어 말하자면 여성 소비자의 성적 환타지를 위해 '대상화'된 셈이다. 과거 남성이 타깃 층인 자동차나 술 광고가 늘씬한 미녀가 훌러덩 벗고 야시시하게 등장한 것과 비슷한 이치다. 결혼한 여성들의 반응이 아주 아주 좋다고 한다. 여성의 관능미가 광고계에서 전통적으로 선호하던 소재였다면, 이제는 남자 차례다.

광고 속 남녀의 성 역할도 역전됐다. 키스라도 할 듯이 과감히 돌진하는 쪽이 여자, 셔츠가 풀어헤쳐진 채 다소곳이 누워 있는 쪽은 남자다. 민 소매 셔츠의 지퍼를 내려 가슴 골을 아슬아슬하게 드러내거나 티셔츠를 입은 한 여성이 웃통을 벗은 세 명의 미소년에 둘러싸여 있는 에로틱한 장면은 참으로 눈요기 감이 된다.

여성의 소비성향과 구매 결정권이 더 강화되면서 남성을 벗겨 여성의 마음을 사로잡겠다는 전략이다. 남성의 관능을 적극적으로 즐기는 경제력 있는 여성이 늘어나면서 '벗어야 산다'는 식으로 야성미 넘치는 남성을 등장시켜 소비욕구를 자극하는 광고가 늘어났다. 여성에게만 집중됐던 성 상품화가 남성 쪽으로 확장되면서, 여성들이 성의 주체로 그려지기 시작했다.

21세기는 여성의 시대이다. 여심을 잡지 못하면 결코 성공할 수 없다. 경제권은 물론이고 상품구매에 있어 여성의 선택권이 남성을 압도하고 있다. 따라서 남편도 긴장해야 한다. 가정을 지키기 위해서는 아내를 여러 가지로 만족시킬 수 있어야 한다. 그 중에는 성 능력도 버금가라면 서러워할 것이다. 이러한 성 능력은 정신적으로도 활기차야 하지만, 신체적 기능상에도 문제가 없어야 한다. 시원찮을 때는 마님이 흡족하시게 고쳐야 한다.

그러나 우리나라는 성 기능의 문제를 정력제에 의존하는 경향이 너무너무 크다. 남성들뿐만 아니라 아내들도 문제다. 남편이 정력이 딸린다고 느낄 때 병원보다는 제일먼저 보약을 들이대는 것이다. 이것저것 정성껏 다린 물을 아침저녁으로 따뜻하게 데워서 멕이면서 이제나저제나 기별이 올 때를 학수고대하지만 야속할 때가 더 많다. 세상 남자들이 비슷하다고 하지만 세계를 무대로 정력제 사냥에 나서 외국 언론으로부터 '몬도가네의 후손'이라는 혹평을 받을 만큼 정력에 대한 관심이 대단한 한국 남자들. 비싼데다 구하기도 쉽지 않은 이 음식들이 정말 정력에 도움이 되는 것일까? 정력식품이라 믿어 의심치 않는 것들이 기대만큼 따라주지 않는 이들 정력제에는 무슨 문제가 있는 것일까? 안타깝게도 결과는 지불한 비용에 비례하지 않는다. 정력에 관해 관심은 높지만 우리나라 남성의 성 능력이 속 빈 강정인 이유는 성분을 분석해보면 영양제 한 캡슐어치에도 못 미치는 가지가지 정력제에 올인 하기 때문이다. 옛날 먹거리가 부족했을 때야 보신탕이나 장어구이를 먹으면 고단백, 고지방 식품들이라 기운이 확 나는 것을 실감했었다. 그러나 먹거리가 풍족해진 요즘은 평상시 너무 잘 먹어주기 때문에 오히려 동물성 고지방 때문에 동맥경화를 일으켜 발기를 훼방 놓는 결과까지 초래할 수 있다. 결핍의 시대를 지나 과잉의 시대로 접어든 지 오래다.

심각한 성 기능 장애로 부부관계가 파경에 이르러도 자존심 때문에 병원 가기를 꺼리거나 부끄러워서 안 가고 민간약물에 의존한다면 더욱 쇠퇴의 나락으로 떨어질 것이다. 정력제를 맹신하는 것보다는 적당한 운동을 하면 천연비아그라인 산화질소 때문에 밤마다 변강쇠가 될 수 있다. 아내들은 검증되지 않은 정력제를 아침마다 남편한테 들이대지 말고, 추리닝 입히고 워킹화 신겨 같이 걷자고 하는 것이 더 빠르다는 걸 알아챘으면…

맞벌이 부부의 비애

05

맞벌이아내는 괴롭다.

직장에서는 직장대로 유부녀라서 어떻다는 흠이라도 잡힐까봐 더 열심히 내 할 일을 반듯하게 해야 한다. 그런데 퇴근하면 남편은 쉬고 아내는 그때부터 또 집안 일에 시달린다. 종종걸음으로 장을 보고 어린이집에서 애 찾아오고 저녁식사 준비하다보면 땅으로 쏙 꺼질 것처럼 몸은 천근만근이다. 남성들이 요즘은 많이 달라졌다고는 하나 일부분이지 거의 대부분이 '나 몰라라'하며 소파에 배 쭉 깔고 비스듬히 누워 TV리모콘이나 이리저리 누르고 있다. 아침에 허둥대고 나갔기 때문에 이것저것 정리하고 저녁식사 끝나고 나면 몸은 물먹은 솜 같다.

어떤 때는 다 팽개치고 도망이라도 가고 싶고, 하루만이라도 집안 일에서 해방되고 싶은 게 꿈이다. 가족에 대한 사랑과 책임감으로 버티기엔 일이 너무 버겁다. 빵점 엄마나 불량 주부로 체념하고 살자니 미안하고, 그래서 바둥거리며 기를 써보지만 집에

서 먹는 '집 밥'에 대한 신화는 여전히 아내들에게 부담을 준다. 미국의 시사주간지 뉴스위크는 최근 '불면증을 앓는 7000만 명 가까운 미국인 중 상당수가 일과 아내·엄마의 역할 때문에 스트레스 받는 여성들'이라고 했다. 이렇듯 주부의 어깨가 무겁기는 외국도 마찬가지인가보다.

이렇게 저렇게 하루 일과를 마치고 피곤에 지쳐 자려고 누우면 그때까지 판판이 놀던 남편의 손이 슬그머니 뻗어오는데 짜증 그 자체다. 아내의 맘을 헤아리지 못하는 이런 남편이 좋을 리가 없고 짐승 같은 생각이 들어 모욕감까지 느낀다. 불과 몇 년 전까지만 해도 우리나라 남성들은 아내가 직장생활을 하겠다고 다부진 결심을 선언을 하면 몇날 며칠 고민한 끝에 아내에게 다짐을 받거나 각서를 받고 허락(?)을 해 줬었다. 그렇게 자아실현이 하고 싶으면 하긴 하되 집안 일에 조금도 지장을 줘서는 절대로 안 된다. 아이양육문제도 그렇고 가사 일도 반듯하게…그게 자신이 없으면 아예 시작도 하지 말라며 으름장을 놓았다. 이에 감읍한 나머지 그저 쩔쩔매는 시늉을 하면서 맞벌이에 나섰는데 어쩌다 빨래를 미쳐 못해서 남편이 신고 나갈 양말이 없다든가, 아이가 성적이 떨어졌다든가 하면 느닷없이 날라 오는 돼지 멱따는 소리.

"누가 당신보고 돈 벌어오라고 했어? 당신이 벌면 얼마나 벌어? 돈 좀 번다고 유세냐? 그 따위로 할래면 당장 집어쳐. 내가 밥 굶길까봐 그래?"

늘 이런 식이었다. 그런데 내 보내보니 돈도 벌어오고 집안 일도 그런 대로 잘 하는 슈퍼우먼 콤플렉스에 시달리는 아내 덕을 IMF 때 톡톡히 보았고 그 후 여성들의 사회진출은 50%를 넘어서 한집 건너 맞벌이부부가 산다.

아이들 육아와 교육과 가사 일은 그런 대로 미친년 널 뛰듯이 뛰어다니며 하겠는데 잠자리만큼은 온전히 방해받지 않고 그냥 잘 자고 싶은 것이다. 그런데 퇴근 후부터 콩당대고 뛰어다니며 일하는 아내를 구경만 하다가 다 차려놓은 밥상에 수저 놓고 냉장고에서 물 꺼내고 많이 도와줬다고 생색내는 남편, 혼자 노는 시간에 도대체 뭘 할까. 심오한 철학공부나 줄기세포연구라도 하는 걸까?

유독 자신만이 직장생활에서 피곤한 양 손 하나 까딱 안 하고 쉬면서 이제나저제나 침실로 들어올 아내를 기다리며 KO시킬 생각으로 아랫동네만 빵빵하게 텐트 치고 기다린다. 그러니 왜 그게 안 하고 싶겠냐구. 그런데 베개에 머리가 닿자마자 곯아떨어지는 아내를 굳이 귀찮게 건드리는 건 뭐냐구? 쏟아내고 싶어 근질근질하다구? 그럼 설거지를 하시던가, 빨래를 개시던가 해야지…

어쩌다 아내가 미안한 마음에 마지못해 응하지만 좋지도 않은 거 빨리 끝내주지도 않으면 웬수가 따로 없다. 애초에 시작한 걸 후회하면서 좋아죽겠다고 헐리우드 액션이라도 취할 수밖에… 눈을 게슴츠레하고,

“아이고 좋아 아아, 당신 정말 오늘 최고야, 아아” 이렇게 말이다. 이 얼마나 눈물겨운 짓거리인가?

“난 자다가 일어나 화장실 가려면 얼마나 살금살금 일어난다고. 혹시라도 침대가 흔들려 남편이 깨서 그거 하자고 할까봐….”

파랑새를 찾아 나서는 아내들

06

자연계에서 일부일처를

가장 잘 지키기로 소문난 것이 새들이다. 8500여 종이 조류 중 95%가 일부일처란다. 그런가하면 인간과 가장 가까운 영장류의 18%, 4300여 종이나 되는 포유류 중에서는 단 4%만 일부일처제를 유지한다고 한다. 그러면 동물들의 일부일처는 인간의 일부일처와 얼마나 닮아 있을까? 실제로 알락딱새의 짝짓기 형태는 놀라우리 만큼 인간의 짝짓기와 비슷하지만 인간과 가깝다는 침팬지는 난교에다가 고릴라는 일부다처를 지향한다.

사람의 짝짓기 전략은 남성은 '더 많은', 여성은 '더 나은'을 추구한다. 결혼식장에서는 어김없이 검은머리 파뿌리 될 때까지 한 남자, 한 여자와의 사랑만을 맹세하지만, 더 매력적인 이성이 다가온다면 우리들은 어떻게 해야 할까? 데이트를 하자고 하면? 같이 자자고 하면? 만약에 일부일처제가 없어진다면 그래도 일부일처를 고집하고 싶을까?

어느 날, 곤히 잠든 아이의 얼굴을 유심히 바라보며 자신의 눈과 입, 모습은 쏙 빼 닮고 크기만 자그마한 발을 만지며 흐뭇해 한 적이 있을 것이다. 나를 닮은 2세이기 때문에 예쁘고 이 아이를 위해서 내 몸이 진토 되더라도 돈 많이 벌어 특별히 잘 키우고 싶은 것이다. 한 연구에 의하면 갓 태어난 아기가 '누구를 닮은 것 같냐?'는 질문에 엄마와 외가 쪽은 대부분 '아빠를 쏙 빼 닮았다.'라고 대답했다고 한다. 정말 신생아들은 아빠를 많이 닮은 걸까? 사실 처음 낳은 아기들은 빨갛기만 하고 너무 작아 누구를 닮았는지 잘 모른다. 그래도 기어이 사위 닮았다고 간접적으로 딸내미의 순결과 결백을 주장하려 드는 장모, 자신을 닮았다는 아기를 바라보며 얼떨떨해하는 아범, 정말인가…?

"딸이 낳은 애기는 내 손주가 확실한데, 며느리가 난 애는 내 손주인지 아닌지 모르지 뭐. 요즘 젊은것들을 누가 알아? 그러려니 하고 그냥 사는 거지. 아니면 어떻게 할 껀데?"

자유로운 성생활 문화가 확산되면서 최근 30대 남성을 중심으로 친자를 확인하려는 사람들이 크게 늘고 있다고 한다. 국내 유전자 감식 업체들에 따르면 희귀성 유전질환이나 범인 확인 등 제한적으로 사용하던 유전자 검사가 일상생활로 파고들면서 친자확인 유전자 감식의뢰가 한달 평균 600~700여 건으로 전국에 걸쳐 성업 중에 있으며 계속 증가해 시간이 갈수록 더 늘어날 것이라고 한다. 이처럼 유전자를 파헤쳐 '내 새끼가 맞나' 알아보고 싶은 마음이 늘어나고 있는 것은 불륜, 외도 등 문란해진 성문화와 혼전 임신, 가족주의 붕괴에 따른 이혼 증가로 양육권 논란

등이 늘어나기 때문이다.

예부터 내려오는 말 중에 '열 계집 싫어하는 사내 없다'라는 말이 있다. 그 만큼 남성들은 숫자에 연연해서 될 수 있으면 많은 여성과 잠자리를 가져 하루에도 몇 억 마리의 씨를 생산해내면서 많이 퍼트리는 것을 소원한다. 그러나 여성은 한 달에 한 개밖에 만들지 못하는 귀하신 알을 위해 찝쩍거리는 뭇 남성들 중에 가장 나은 사내를 골라 씨 받기를 원하는 게 일반적이다. 그러나 요즘은 남녀가 따로 없이 사랑은 움직이는 것이 정설처럼 돼 버렸다. 그러나 제 짝을 놔둔 채 본능에 충실한 인간의 한눈팔기는 동서고금을 막론하고 늘 있어왔다. 그렇지만 평생을 약속한 배필을 놔둔 채 한눈파는 짓은 마냥 좋은 것만은 아니다. 영 찝찝한 게 현실이고 신경이 쓰인다.

인터넷에 강한 잘난 여성들, 바람도 잘 피우지만 오고간 핸드폰, 이메일 감시 속에 찍힌 번호, 문자, 위치추적 때문에 들통도 잘 난다. 어떤 이는 핸드폰을 두개 씩 가지고 돌려가며 받는다는데…. 배우자의 핸드폰을 뒤지거나 이메일을 몰래보는 마음은 어떨까? 일부일처 제도에 묶여, 서로 속고 속이면서 끊임없이 새 맛을 추구해 온 삶의 끝은 과연 어디인가? 달콤한 파랑새를 찾아 헤매다 할퀴고 멍들어 상처투성이로 뒤를 돌아보면서… 쿠오 바디스 도미네(Qvo Vadis, domine)?

내가 하고 싶다고 그랬잖아요.

07

섹스리스 부부가 늘고 있다.

최근 기혼여성을 조사한 결과 한 달에 한 번 미만의 부부관계를 갖는 섹스리스가 28%나 되었다. 20대 젊은 부부 중에도 섹스리스가 12%나 된다니 놀란 만한 일이다. 성생활 불만족의 이유로는 '항상 똑같고 새로운 것이 없다, 성격이 맞지 않다, 현재 남편으로 만족이 되지 않는다, 흥분이 되기도 전에 사정해버린다, 남편의 성 기능이 떨어진다, 관계 전에 애무가 없다' 순이었다. 섹스에 대한 욕구나 횟수에 대한 갈망은 크지만 성생활을 기피하는 것은 느낌 없는 섹스보다는 흡족한 섹스에 대한 욕구가 강하다는 의미일 것이다. 주체할 수 없는 성 충동을 느낄 때는 어쩔 수 없이 배우자와 잠자리를 갖지만(60.4%), 차라리 혼자 자위로 풀거나(22.6%), 외도를 통해 해소한다(9.3%)는 것이다. 성생활에 만족하지 못하는 여성 중 절반이상이 결혼생활 자체가 불만족스럽고, 섹스리스인 여성 3명중에 1명이 성적인 문제로 이혼을 생각해 본적이 있다고 하니 부부관계에서 섹스가 차지하는 비중은 무시할 수 없다.

우리나라 남성들의 고질병 중의 하나가 배설적인 침대 매너이다. 여성의 취향이나 신체적 특성을 배려하지 않고 일방적으로 몇 차례의 피스톤 운동만으로도 절정에 이르는 성냥개비 같은 남성과 달콤한 사랑의 표현과 분위기, 부드럽고 세심한 애무에 쾌감을 느끼며, 쉽게 끓지 않지만 오래도록 식지 않는 뚝배기 같은 여성의 부조화 때문이다. 그러니 솔직한 대화와 충분한 전희, 강한 성 기능을 총동원해야만 아내를 만족시킬 수 있고 가정도 단단해질 수 있다.

미국지도를 보면 플로리다주 밑에 개미만한 작은 섬들이 대서양과 멕시코만을 끼고 있다. 40여 개의 다리로 연결되어 240km를 달리다보면 세계적인 문호 헤밍웨이가 살았던 아름다운 섬, 키웨스트 섬이 있다. 미국 최남단 세계적인 관광휴양지…, 그곳에 다른 볼거리는 엉뚱하게도 공동묘지 묘비에 새겨진 짧은 글귀 때문이다. 그중 단연 으뜸은 어느 여인의 묘비에 적힌 "I told you I was sick(내가 아프다고 말했잖아요)"라고 남편에 대한 원망 섞인 문구다. 남편과 커뮤니케이션이 부족했던 여성의 무덤이다. 소통이 그만큼 중요하다는 얘기다.

요즘은 여성 시대. 수동적이었던 여자들의 반란(?)이 시작되었다. 성불만을 숙명으로 받아들였던 아내들의 성 의식이 깨어났다. 이를 반영하는 것이 여성들의 부정과 성 트러블에 의한 이혼 사유의 급증이다. 결혼 대비 이혼율은 미국과 스웨덴에 이어 우리나라가 세계 3위다. 우리나라는 등수 안에 드는 걸 참 좋아한다.

낄 데 안 낄 데 아무데나 불쑥 불쑥 잘 낀다. 이처럼 여성들이 대담해지고 있는 반면, 남성들은 발기부전과 조루왜소음경으로 인한 콤플렉스 등으로 갈수록 잠자리에서 주눅 드는 모습도 주목해야 할 현상이다. 대부분의 남편들이 아내를 만족시키려고 나름대로 애를 쓴다고는 말하지만, 전희시간은 외국기준 20분에 비해 턱없이 모자라는 5분 이내로 간 큰 남성들이 버티고 있다. 잡아다 놓은 물고기에 떡밥을 절대로 주지 않는 무데뽀 남편들은 시대 변화에 발빠르게 대응하지 못하고 있다고 봐야한다.

최근 영국의 조사에 따르면 성형수술에서 남성의학(조루, 왜소, 발기부전) 분야가 여성들의 미용성형(유방확대, 쌍꺼풀 등)을

제치고 1위를 차지했다고 한다. 즉, 서양인들은 성 기능에 문제가 있을 경우 근원적인 치료를 통해 개선하고 있으나 우리나라는 성 기능의 문제를 정력제에 의존하거나, 심인성으로 여기고 기피하기 바빠 여성으로부터 외면당하기 십상이다.

세지는 여성, 약해지는 남성시대의 난관(?)을 헤쳐나가는 지혜는 조철봉(?)이 같은 강한 남자다. 옛날 여인들이 신세 한탄하며 허벅지 꾹꾹 누르며 불렀던 민요를 남성들이 따라 부를 날이 올지도 모른다. 치사한 생각이 들고 자존심 상해 차마 못했던 잠자리 얘기를 털어놓아야 한다. 도저히 입이 안 떨어지거든 불 끄고 하던지, 바가지로 얼굴 가리고 하던지, 진솔한 얘기 하다보면 서로 오해하고 산 세월이 아까울 것이다. 늦게 배운 도둑이 날 새는 줄 모른다고 '왜 진작 들어주지 못했을까' 후회할지도 모른다. "내가 하고 싶다고 말했잖아요"라고 원망하며 떠나지 않게…

굽지 않는 열쇠와 굽는 자물통

08

어느 집이나 있음직한 일이다.

남편이 모처럼 작정하고 거사를 치루려고 가까이 올 때 아내의 태도가 맘에 들었다 안 들었다 한다. 어느 날 저녁 "한 번 할까?" 하면서 다가오는 남편, 아니면 이미 손이나 입부터 아내의 몸을 더듬기 시작하면 아내는 전혀 준비되지 않은 상태에서 아주 잠깐 당황스럽다. '샤워도 안 했는데… 양치도 안 했는데… 너무 피곤한데…' 이 때 아내의 반응에 따라 남편의 기분은 하늘을 나는 것 같기도 하고 땅바닥으로 고꾸라지는 수도 있다.

"아이 왜 이래, 나 피곤해. 졸리단 말이야."

하고 휙 돌아누우면 남편은 정말 자존심 상한다.

'성 스트라이크'라는 말이 있다. 배우자가 섹스를 거부한다는 뜻. 고대 아테네와 스파르타가 전쟁을 할 때 아테네에 사는 '리시스트라데'라는 젊은 아내가 무기로 들고 나온 것이 바로 성 스트라이크다. 두 나라 전쟁을 그만 두기 위해서 적군과 아군의 아내들 모두 남편과의 섹스를 거부하고 나선 것이다. 여기에 그치지 않고 군자금이 보존된 신전을 점령하여 반전농성을 벌여 결국 전쟁이 종료되고 여성들에 의해 평화가 찾아왔다는 것이다.

강제적으로 이루어지는 섹스란 즐거울 리 없다. 어느 집이나 한두 번쯤은 있음직한 일인데 중년들은 알 것이다. 배우자가 성관계를 거부할 때 먼저 요구한 쪽의 비애감은 깊은 모멸감과 함께 가슴 한켠에 생채기를 내기도 하며 서로에게 돌아오지 않는 강을 건너기도 한다. 외로워서 둘이 만나 하나처럼 사는 것이 부부라는데 이게 웬 못 할 짓인가? 거부한 당사자는 사실 상대방이 느낄 아픔까지는 미쳐 계산하지 못할 수도 있다. 정말 하기 싫은 때 하자고 하니 내키지 않아 화가 나서 스트라이크를 선언할 때도 있고, 때로는 농담 속에서 '위협'의 수단으로 들먹일 때도 있다. 물론 아내만 그런 것은 아니다. 처음에야

"맘대로 해. 내 다시는 하자고 하나 봐라. 씩씩…"

하며 자존심을 추스르고 분을 삭이지만 이것이 지속되면 아내이건 남편이건 난감할 수밖에 없다. 이렇게 시작된 스트라이크는 바로 풀지 않으면 곤란하다. 얼 만큼 문 닫고 살다보면 다시 시작한다는 건 어렵다. 부부는 너무 가까워 무촌이라고 하지만 섹스에 대한 이야기를 거리낌없이 솔직하게 꺼내기는 쑥스럽고 남사스럽다. 그러나 자존심 상하고 치사해도 생각이 자꾸 나는 건 인간의 기본적인 욕구이기 때문이다. 태어날 때 가지고 태어나는 욕구가 식욕과 성욕이기 때문에 배가 고플 때 밥 먹는 것과 똑 같이 하고 싶을 때 해야 한다.

"우리는 안 하고 산지가 딱 7년이야. 서로 건드리지 않고, 아예 잊어버리고 살았지 뭐. 그런데 어느 날 문득 이렇게 살다가는 안 되겠다는 생각이 들어 용기를 내어 작정하고 덤볐지. 잠자리에서 불을 끄고 얘기를 꺼냈는데 난 담담하게 말하려고 했지만 하다 보니 설움이 복 받혀 눈물이 막 나는 거야. 내가 그거 생각이 나도 참고 울면서 잔 날이 하루이틀인줄 아냐고 따졌지. 그럴래면 머리 깎고 중이나 되지 왜 결혼은 해서 나를 굶기냐고. 그렇게 퍼대고 나서 우린 달라졌잖아. 더도 안 바래고 한 달에 두 번만 하자고 했는데 진작 말할 껄 그랬어. 우리 요즘 아주 좋아."

결혼에 있어 성생활이란 부부간의 권리이자 의무이다. 남편은 밖에서 힘들게 돈 벌어오는 사람이고 아내는 집에서 '노는 사람'이라는 생각이 지배적이라 직장생활을 하는 여성이 절반이 넘는 지금도 대부분의 아내들은 남편이 원한다면 하기 싫어도, 내키지 않아도 졸면서 대주기라도 한다. 그런 문화에 익숙해진 남편들이 아내로부터 거절당했을 때 더욱더 못 견디는 것 같다. 반면에 용감무쌍한 아내들이 야시시한 잠옷입고 아로마 향내 풍기면서 피곤에 쩔어 자는 남편을 괴롭히는 경우가 종종 있다. 정말로 아니다 싶을 때는 요즘 여성계가 핏대 올리는 '성적 자기결정권'을 내세워 거절하는 것보다는 자기 상태를 구체적이고 솔직하게 표현하고 서로 조율하면서 굶지 않는 열쇠도 되고 자물쇠도 되지 않을까?

옹녀와 변강쇠처럼 살고 싶으나

09

평안도 월경촌에 살던 옹녀는

열다섯 나이에 시집갔지만 팔자 탓인지 센 음기 탓인지, 서방 죽이기가 해마다 계속됐다. 이에 고을 사람들이 이러다가는 평안도에 물건 단 놈이 없겠다며 그녀를 쫓아내 버렸다. 당시 남도에서는 여자 후리기로 패악이 자자했던 변강쇠가 객지를 떠돌고 있었는데 개성 청석관에서 두 사람은 운명적으로 만나게 된다. 이들이 처음 만나 나눈 사설이 바로 '가루지기타령'이다. 변강쇠의 옥문(玉門) 사설 한가락을 보면

"이상히도 생겼다. 맹랑히도 생겼다. 늙은 중의 입일른지 털은 돋고 이는 없다. 소나기를 맞았든지 언덕 깊게 파이었다. 콩밭 팥밭 지났던지 돔부꽃이 비치었다. 생수처 옥답인지 물이 항상 괴어 있다. 제 무엇이 즐거워서 반쯤 웃어 두었구나."

이에 대한 옹녀의 변강쇠 심벌 품평은

"전배 사령 서려는지 쌍걸랑을 느직하게 달고, 송아지 말뚝인

지 털 고삐를 둘렀구나. 감기를 얻었는지 맑은 코는 무슨 일꼬. 성정도 혹독하다. 화 곧 나면 눈물 많다. 고추 찧던 절굿댄지 검붉기는 무슨 일꼬. 칠팔월 알밤인지 두 쪽 한데 붙어 있다."

노골적이기는 하지만 남녀의 심벌에 대한 해학이 돋보인다. 자고로 사랑의 육체적 완성은 남녀의 심벌이 하나 되어 행복을 나누는 행위에 있다. 어느 가정이나 옹녀와 변강쇠처럼 살면 얼마나 좋을까?

최근 들어 화두는 사랑과 섹스인 것 같다. 애들이나 젊은이나 늙은이나 모두들 한 목소리로 사랑하고 싶어한다. 모두 다 자기가 바라는 사랑과 섹스를 하면 참 좋을 것이나 태생적으로 걸림돌이 있다. 성적 능력에 있어서 남성은 여성에게 절대 열세에 있다. 여성은 무한정 행위가 가능하지만, 남성은 그렇지 못하기 때문이다. 남성은 관계를 갖기 위해 충분한 발기가 필요하고 일단 관계를 치르고 나면 다시 발기하기 위해 최소한의 시간이 필요한데, 이들 모두가 남성의 핸디캡이다. 따라서 원초적으로 남성은 여성보다 양적 열세에 놓여 있다.

설상가상이라고 했던가! 우리나라가 경제위기를 맞은 IMF때에 남성의 종(從)의 위치에 있던 여성의 경제활동이 주(主)의 위치로 역전되면서 지금은 절반 이상이 경제활동에 참여하고 있다. 지적능력에 자기성취욕이 강한 여성들이 파워를 과시하게 되었다. 남성들은 더 이상 경제력을 무기로 여성의 성적 자유와 본능을 억누를 수 없게 되었고 여성 역시 성 욕구 표현에 용감무쌍한 날개를 달고야 말았다.

"나 지금 하고 싶다고… 왜 그렇게 밖에 할 수 없냐고… 그 지경인데 왜 치료를 안 받냐고… 차라리 내가 올라가겠다고…"

세상이 변하면 제일 먼저 변하는 쪽은 억압받았던 부류이고 변화가 마땅찮은 부류는 누리고 산 사람들이다. 문제는 중년 여성의 성 의식은 하루가 다르게 팍팍 변하는데 반해 남편의 성 기능은 겸손해지고 가부장적 의식 변화는 너무 느리다는 데 있다. 더 이상 여성들은 성 욕구를 참지 않을 뿐더러 외도에도 과감하게 동참하고 있다는 것이다.

인터넷 발달로 아이러브스쿨이다, 카페다, 하는 것들에 퐁당 빠져 신나게 채팅 하다가 오프라인에서 만나면 촌스러운 이름대신 닉네임 불러 줘 가며 남편보다 자상하지, 친절하지, 듣기 좋은 이야기만 해 주지, 귀하신 분으로 승격(?)시켜주지… 그러다 보면 불륜의 바다를 허우적대며 계속 서핑하게 된다. 연애할 때 이후로 전혀 느껴보지 못하고 들어보지 못한 감미로운 말들은 '나도 사랑

할 수 있을까?'라는 막연한 불확실에서 '나도 사랑에 빠졌나 봐'라는 나이 든 여성의 확실에 가까운 간절한 소망이 이루어지는 순간이다. 더 놀라운 사실은 대부분의 여성이 '애인을 두고 싶다'는 판타지를 갖고 있다는 것.

"설마 내 아내는 안 그럴껄… 다른 집들은 다 그래도 우리 집사람은 다르지… 그치?"

"아니, 당신한테는 미안하지만 나도 애인 찾고 있어. 어디 괜찮은 사람 없어….?"

중년남성들! 마누라와 새끼들에게 고기 멕이고 학원 보내고 넓은 집에서 살게 해주려고 바깥에서 죽을 똥 싸면서 스트레스 팍팍 받아 녹 쓰는 줄 모르고 살다가 어느 날 쥔장 말도 잘 안 듣는 얼었다 녹은 배추잎사귀처럼 후줄근한 거 내려다보면 머리가 하얘진다. 승진과 돈만 쫓다가 더 중요한 하나를 놓치는 거 아닐까?

가을도 못타는 중년 남자들...

10

남자는 가을을 탄다.

가을이 되면 괜스레 기분이 상쾌해지고, 온몸에 힘이 솟아나며, 때론 황홀한 로맨스를 상상한다. 정확한 원인은 남성호르몬인 테스토스테론에서 찾을 수 있다. 남성을 더욱 남성답게 해주는 테스토스테론은 뇌에 작용해 성욕을 높여주는 이 호르몬 수치는 다른 계절보다 가을에 많이 분비되기 때문에 뭇 남성들의 마음이 붕뜨게 된다.

계절의 흐름에 따라 정확하고도 적절하게 제 모습과 빛깔을 바꾸는 자연의 변화는 말 그대로 자연스럽다. 이 변화에 자연스럽게 따라가는 것은 심신이 건강하게 작동하고 있다는 증거다. 이제 낮의 길이가 점점 짧아지며, 밤의 길이가 길어지는 백곡이 풍성한 추분이다. 옛날 중국은 추분을 우레 소리가 비로소 그치게 되고, 동면할 벌레가 흙으로 창을 막으며, 땅 위의 물이 마르기 시작한다고 하였다. 인간의 생리체계도 계절의 변화에 자연스럽게 따라서 변하게 되어 있다. 여름내 지친 몸을 추스르기 위해 식욕이 왕성해지고 소화흡수력이 높아져 보약 먹기도 적기라고 할 수 있다.

그러나 나이가 들면 웃기는 현상이 나타난다. 중년남성들은 가을을 평범한 계절로 느끼기 시작한다. 문제는 테스토스테론의 분비가 감소하면서 우울증, 성욕감소, 기억력 감소, 복부 지방량 증가 등의 갱년기 증상을 경험하게 되는 것이다. 테스토스테론은 30세 이후부터 매년 1~1.2%정도씩 줄어드는 것으로 알려져 있다. 여자는 흰머리를 발견하거나 얼굴의 주름살을 보고 자기가 늙고 있구나 하고 느끼지만 남자들은 작년 같지 않은 성욕 때문에 노화를 실감한다. 아마 다들 느낄 것이다.

"아! 그래서 그랬구나… 어쩐지 언제부턴가 가을이 와도 별 느낌 없이 지나갔구나… 아니지 난 우울하기까지 하고… 깜빡깜빡 잘 잊어먹기도 잘하고… 게다가 성욕도 없어져 아내를 봐도 본 둥 만 둥… 가까이 가고 싶은 생각이 없더란 말이지… 그러니 아내도 저녁밥 한 숟가락 차려주고 먹든지 말든지 소파로 가서 자기 좋아하는 TV드라마나 보고 앉아있기 일쑤다. 말 없이 혼자 밥만 꾸역꾸역 퍼먹고 끄윽 트림하고 나서 소파로 가면 아내는 발딱 일어나 주방으로 가버린다. 뿔룩해진 배를 소파에 쭈욱 깔고 TV뉴스나 보고 나면 리모콘 이리저리 돌리다가 젊은 것들 떼거지로 나와 낄낄거리는 꼴 보기 싫어 꺼버리고 피곤에 쩔어 아침까지 내처 자도 왠지 찌뿌드 한 게 개운치가 않아 일어나기 싫다. 그래도 목구멍이 포도청이라 겨우 일어나면 어부인이 하사하시는 빵 쪼가리 하나 꾸역꾸역 씹다 출근하지…"

사랑이라는 감정이 마비된 지 오래, 철 지난 부부의 모습은 참으로 스산하다. 한 때 기꺼이 사랑에 눈멀고 귀먹었던 청춘남녀들이 같이 산 지 오랜 지금, 입에 바늘을 물고 혀끝에 독을 바르고 거침없이 찌르고 할퀸다. 원래 인생이 상처 주고받으며 인간 하나 제대로 이해하려 몸부림치다 측은지심 안고 눈감는 거라고 하지만 더 늦기 전에 엉킨 실타래 풀고 서로를 향해 한발 다가서야 한다.

가을이 되면 중년남자가 느끼는 건 해가 바뀌고 어찌어찌 하다보니 별로 한 것도 없는 데 벌써 가을이 되었고 곧 겨울이 되겠다며 심란해하는 게 고작일 것이다. 원래 가을바람은 곁에 아내가 있어도 눈길 한번 스칠 인연을 꿈꾸게 한다는데… 중년들에게는 이것조차 사치일 수 있다. 이럴 때 남편을 새로운 기운이 가득하게 사랑스런 말 한마디와 스킨십으로 색다른 모습(?)의 신선한 아내를 선물한다면 남편을 싱싱하게 만들 수 있을 것이다.

젊었을 때는 늘 푸를 줄만 알았지, 가을이 되어도 꿈쩍 안 하는 무딘 남성이 되리라고 누구도 생각하지 못했을 것이다. 그러나 아내들이여! 남자들이 이래저래 몸살을 앓고 있다. 왠지 쓸쓸하고 허전한 그들, 사랑을 목놓아 찾고 있다. 네 팔 네가 흔들고 내 팔 내가 흔드는 건 편할지언정 재미는 없다. 빈틈 많은 가을, 귀엽고 깜찍하게… '사랑한다'는 러브레터와 함께 추억의 타임머신을 타고 가 애정 어린 눈빛과 따스한 손으로 얼굴을 감싸 안으면 가을날의 푸닥거리는 끝이 날 것이다. 벼를 다 베어버린 논바닥처럼 황량하고 쓸쓸한 남편을 엄마 같은 마음으로 봐 줄 때 다시 살 맞대고 싶은 마음이 저절로 생기지 않을까?

명절 스트레스와 가을이 만날 때

11

흔히들 가을은 남자의 계절이라고 하고 남자들이 가을을 탄다고 한다. 그러나 가을만 되면 종잡을 수 없이 우울해하는 가을 병은 80%가 여성인 것이 특징인데 햇빛의 양과 일조 시간의 부족이 생체 리듬의 균형을 깨기 때문에 발병되는 경우가 많은 것으로 알려져 있다.

한 잎 지면 눈물 한 방울 똑 떨어지고, 슬픈 영화를 보면 온종일 우울해하고 라디오에서 들려오는 노래를 들으면서 심란해한다. 우리는 흔히 가을에 종잡을 수 없는 감정 변화를 겪거나, 가슴이 서글퍼지면 '가을 탄다'고 한다. 이것을 의학적으로는 계절성 정동장애 또는 SAD(seasonal affective disorder)라고 하며, 특정 계절에 나타나는 우울증의 일종으로 가을과 겨울에 증상이 악화되다가 봄과 여름이 되면 나아진다.

설상가상으로 추석이 다가오면서 아내들은 명절증후군에 시달린다. 더구나 이번 추석은 '샌드위치 데이'까지 쉴 경우 '작은 방학'을 맞아 아내들은 추석 쇠기가 더 두렵다. 차례상 준비와 오가는 친척들 대접 등등 온갖 노동에 시달려야 하기 때문에 생각만해도 스트레스가 쌓인다. 오죽했으면 때맞춰 얼굴만 내미는 친척들이라도 '오면 반갑고 빨리 가면 더 반갑다'는 말까지 회자되고 있을까…

그런데 엉뚱하게도 남의 아내 스트레스를 풀어주기 위해 앞다퉈 열을 올리는 곳이 있다. 이름하여 '한가위 후 후유증 극복 프로젝트'. 이들은 명절 후유증을 호소하는 주부들을 타깃으로 다양한 제품과 판촉전을 벌이고 있다. 온 종일 서서 음식준비와 설겆이에 퉁퉁 부은 다리와 발을 풀어주고 송편 만들기와 전 부치기로 딱딱하게 굳은 어깨와 목의 통증을 완화시켜주는 마사지 기구들, 며칠 동안 계속되는 손님치레루 음식 만들기에 진저리 쳐진 주부를 위해 근사한 호텔 식사권, 얼굴마사지니 네일 아트니 하는 미용실에서 호사할 수 있는 여러 가지 서비스들…

이쯤 되면 추석 스트레스에 시달리는 아내에게 남편도 뭔가는 해야 하지 않을까? 명절이 끝난 후 쉽게 풀지 않는 아내에게 전전긍긍하지 말고 미리미리 챙기는 게 신상에 좋을 듯. 며칠 동안 주방에서 헤어나지 못하는 아내를 보면서 남편으로서 거든다고는 하지만 어디까지나 주관하는 아내들은 정말 피곤하고 짜증난다. 요즘 애들 말로 '짱나'. 물론 선물로 미안함과 고마움을 표시하는 것도 아무 짓도 안 하는 것보다는 훨씬 괜찮을 것이다. 그러나 더 중요한 건 아내의 수고를 남편이 알아주는 것이다. '나 당신이 수고하는 거 다 알고 있어'라는 의미를 눈 속에 가득 담아 바라

봐 주거나 주방에 들락날락 거리면서 아내의 엉덩이를 툭 치고 나가는 것도 애교스러울 것이고, 어깨를 두어 번 주물러주거나 그것도 여의치 않으면 남몰래 손을 꼭 잡아주고 나가는 건 어떨까? 말로 해주면 더 좋겠지만 그것까지 바래면 욕심일까? 누가 볼까봐 들을까봐 망설인다면 정말 왕바보다.

"당신 힘들지? 내가 이따가 주물러줄게. 힘 내…"

하면서 플라이 키스(?)라도 날리면 금상첨화다. 아내는 남편의 말과 행동 하나 하나가 다 박카스가 된다. 남편의 그 한마디는 '섶을 지고 불에 뛰어들라'고 한 대도 충분히 그럴 수 있다. 피곤은 어디 가고 힘이 팍팍 솟아 콧노래까지 흥얼거린다. 그런데 밤에 아내를 기쁘게 해 준다는 게 기껏 밤일이라고 생각해 성난 거시기를 들이대는 바보도 있다. 그저 여자는 그걸로 죽여줘야 한다는 똥인지

된장인지 구별 못하는 남편들이 있다. 아내가 녹초가 되었는데 그게 하고 싶을까?

요즘 아내들은 명절 지난 후 그대로 놔뒀다간 언제 터질지 모르는 시한폭탄이 되기 쉽다. 자신이 힘들고 어려우나 존중받지 못하고 무가치하다고 느낄 때 가을까지 탄다면 위로 받을 곳을 찾아 나서기 십상이다. '다시 한 번 사랑'에 대한 판타지를 꿈꾸는 마음이 꿈틀거리기 때문에 행동으로 옮길 수 있다. 아내가 어딘가에 있을 수호천사를 찾아 나설 때 그 집구석은 콩가루 된다고 봐야 한다. 아내가 깔깔대며 웃어줄 때까지 쭈욱 재롱을 떨어보심이 어떨까…?

지워도 지워도 지워지지 않는 홀랑 벗은 사람들

12

모든 것을 검색할 수 있는 인터넷,

미처 알지 못하는 것을 키워드만 치면 미주알고주알 다 가르쳐 줘 남에게 챙피함을 무릎 쓰고 물어보지 않아도 되는 친절한 인터넷. 시간에 쫓기고 생활에 여유 없이 살면서 만나지는 못해도 아는 이와 소식을 주고받게 해주는 고마운 메일, 일일이 종이쪽지에 써서 봉투에 넣고, 침 발라 우표 붙여 보내고, 답장 기다리고… 하는 시간 다 줄여주고 바로바로 소식을 물어다주는 제비 같은 인터넷.

그렇게 좋은 인터넷이 동전의 뒷면 같은 얼굴이 또 하나 있다. 모르는 사람끼리 컴퓨터를 통해 대화를 나누는 채팅은 원조교제 수단으로 이어진지 오래. 이런 탈선문화 정보들은 주로 스팸메일을 통해 전달되어 아무 생각이 없던 네티즌들의 마음을 자극하고 있다. 거의 대부분 성인광고들로 여성의 성기가 그대로 보이는 사진들이 무차별 살포되고 있다.

"내가 무심코 컴퓨터를 키고 포털사이트에 들어가 로그인하는 순간 대뜸 야시시한 사진이 뜨는데 남자랑 여자랑 직접 하는 게 나오더라구. 홀랑 벗고 좋아죽겠다는 야릇한 표정을 짓는 여자랑 근육질 남자가 왕따시 만한 걸로 열심히 들락날락하더라구. 뉘 집 딸년인지 아들놈인지 몰라두 참 너무 하더구만. 그런데 그런 거 보니까 흥분이 되긴 되더라. 그래도 남사시럽고 얼굴 뜨시니까 조금만 보고 얼른 지울라고 삭제를 눌렀는데 그게 안 지워지는 거야. 엑스를 눌러도 또 나오고 또 나오고 죽여도 죽여도 안 죽여지는 거야. 길거리에 두더지 잡는 오락게임 있지? 딱 그거 같애. 두드려도 두드려도 또 나오는 거. 나 그 때 집에 혼자 있었으니 망정이지 남편이라도 봤어봐. 나를 뭘로 보겠냐? 그런데 우리 남편도 그런 거 다 봤을까? 서로 응큼 떨고 입 꼭 다물고 있는 거 아닐까?"

인터넷상의 탈선, 퇴폐가 도처에 암초처럼 도사리고 있다. 인터넷 화상 채팅사이트는 날이 갈수록 교묘해지는 음란 대화방, 밤이 깊어갈수록 음란한 행위를 보여주거나 보여줄 상대를 찾는 대화방이 난리 난리다.

"말도 마. 난 중년들이 만든 카페라고 해서 호기심으로 가입했어. 그리고 여기 기웃 저기 기웃거리다보니 재미있는 게 참 많더라구. 재주 많은 사람들 정말 많더라. 플래시니 포토샵이니 뭐 그런 거. 그런데 계속 쪽지가 날라 오는 거야. 즈덜이 날 언제 봤다고 말을 걸어오는 거야. 이름이 필요 없고 아이디로 하니까 깨미님 어쩌고 해 가면서 공주대접을 해 주더군. 얘기하자고 수작을 거는 거지. 옛날에 연애할 때 남편한테 받았던 바로 그런 대접…기분이야 좋지. 겁나서 응하지는 않았지만 해보고 싶기도 해. 채팅이 본격적으로 시작되면 이런 저런 얘기하다가 맘에 맞으면 밖에서 만나자 어쩌자 그런 거 아니겠어?"

예전에는 남성들이 주로 대화상대로 여성을 찾던 것이 이제는 돈을 받고 자신의 몸을 보여주는 여성들이 쉽사리 눈에 띈다. 또 연인이나 부부 사이의 은밀한 사랑을 촬영해 인터넷 동영상으로 올리면 그것을 돈을 내고 다운로드 하는 거래도 성행하고 있다. 얼마 전 대학교수가 자기 부인의 나체 사진을 인터넷에 올려 큰 충격을 주었는데 더 큰 충격은 아내가 동의했다는 것. 인터넷에 올리는 삐리릭이나 그래도 좋다는 삐리릭이나 그 엑스가 그 엑스다.

최근에는 실제 성행위를 그대로 방영하는 인터넷 방송국들이 우후죽순 생겨 음란 사이트를 자주 찾는 네티즌 사이에서 인기를 끌고 있다.

"내가 골프연습장에서 들은 얘긴데 온 라인에서 만난 사람을 오프라인에서 만나면 중간 절차는 다 생략하고 딴 얘기 필요 없이 바로 호텔로 직행이래. 그러니 바람 피는 사람들이 그렇게 많지. 차 타고 조금만 교외로 나가봐 웬 놈의 이쁜 호텔들이 그렇게 많은지. 그게 뭐 막차가 끊어져서 할 수 없이 잠자러 들어가는 사람들이 그렇게 많겠어? 낮에도 장사가 되니깐 그런 게 생기는 거겠지."

아내나 남편을 끈으로 묶어 놓을 수도 없고, 그렇다고 컴퓨터를 못하게 손을 묶어놓을 수도 없으니… 그 손으로 뜸하던 스킨십도 자주 하면서, 그 팔로 안 하던 키스나 허깅도 하면서, 받고만 싶고 해주기는 싫었던 애무도 해주면서 컴퓨터 대신 손으로 입으로 서로서로 유혹하는 수밖에…

삶이 고단하더라도 에로틱한 상상을

13

몇 년 전 세계를 떠들썩하게 했던 미국 911테러 사건. 그 후 미국 국민들에겐 변화가 있었다고 한다. 결혼하는 커플들이 늘어나고 부부간도 섹스 횟수가 급속히 높아졌다는 것. 모두들 섹스의존증에 빠지기라도 한 것일까? 사람이 위기라고 느낄 때 오는 강박성, 불안, 우울, 대인관계 등을 해결하지 못하고 섹스를 하지 않고는 견딜 수 없는 트라우마가 생긴 것이다.

1941년 태평양전쟁 당시 미 중앙정보국은 기발한 착상을 했다. 최전선에 배치된 군인들에게 마릴린 먼로를 비롯해 젖가슴과 엉덩이가 풍만하고 섹시한 여배우들의 누드가 담긴 요염한 포스터를 하늘에서 땅으로 투하했다. '그 야한 포스터 한 장이 사선을 넘나드는 병사들에게 무슨 효과가 있을까?'라고 반신반의했겠지만 결과는 상상했던 것보다 훨씬 더 효과적이었고 위력적이었다. 총알이 날아다니는 전쟁터에서도 미국 병사들은 상공에서 뿌려지

는 여성들의 누드 사진들을 철모 속에, 주머니에, 수첩 갈피에 끼우고 그 속의 여인과 달콤한 상상으로 공포를 이겨내며 전투를 승리로 이끌었다. 섹스폭탄 덕택에 공포와 두려움에서 벗어나 전쟁에 임할 수 있었던 것이다.

이처럼 극도의 공포에도 뛰어난 특효를 발휘한 섹스연상요법을 과학적으로 연구한 결과가 나왔다. 존스 홉킨스의대 피터 스태츠 박사는 "통증을 극복하는 데는 섹스와 같이 몰입성 긍정적 사고가 즉효이며, 격렬한 섹스장면과 이성의 알몸을 연상하면 아주 긴 시간동안 통증을 참아내, 섹스행위 자체가 치유법이라고 말할 수는 없지만 사람이 한 곳에 몰두해 긍정적인 생각을 하는 데는 최고"라고 주장했다.

우리나라를 보자! 북한이 핵실험을 했고, UN은 결의안을 채

택하여 계속 제재를 가하고 있고, 주변국들도 이에 동참하고 있다. 북한이 경제적 고립 등 왕따가 된 상황에서 2차 핵실험을 또 할 것이라고 한다. 그 이후는 우리는? 그렇다면 우리들의 잠자리는 어떻게 변했을까?

"전쟁이 그렇게 쉽게 나겠어? 우리 집 전선에는 아무 일도 안 일어나네. 언제 했는지 기억조차 가물가물해. 거시기에 곰팡이 피게 생겼는데 북한 놈들 덕 좀 보면 좋겠네. 하하하. 하기야 우리가 그렇게 햇볕을 갖다 퍼부었는데 뭐래도 오는 게 있어야지."

"사람이 말야 본능적으로, 살기가 힘이 들 때는 섹스에 더 많이 집착한대. 그래서 미개한 나라에서 새끼들이 굶어 죽어 가는 데도 애들을 줄줄이로 낳잖아. 그게 아무 짓도 안 하는데 애가 나오겠어? 뭔 짓을 했으니까 나오는 거지. 위기상황이 될 때는 임신도 더 잘 된대. 그래서 강간당한 여자들이 딱 한 번했는데도 임신이 되잖아."

"난 출근길에 엘리베이터에서 자주 만나는 사람이 있어. 참 멋지거든. 그런데 엉뚱하게도 그 사람은 잠자리에선 어떨까하는 상상을 해봐. 웃기지? 그 사람 품에 턱 하니 안기면 어떤 느낌이 들까? 데이트하면…? 손잡으면 어떨까? 등등 혼자 소설 쓰다가 '땡'하면서 문이 열리면 얼마나 허망하다구. 아주 짜릿하거든. 그런데 그것두 단 둘이 있을 때 얘기지 중간에 누가 타면 김 새지. 나만 화냥기가 있어서 그럴까? 남들은 그런 생각해본 적 없을까? 난 자주 그러거든. 잘생긴 옆집 총각부터, 출근길 남성에, 멋진 영화배우까지…"

미국과 달리, 우리나라는 지금 외국에서 생각하는 것보다 얄미울 만큼 평온한 나날을 지내며 무디게 반응하는 것 같다. 사태의 심각성을 모르는 건지, '설마 뭔 일이 있으랴'하면서 우리들의 안위는 나랏님한테 올 인하고 편안하게 사는 건지 잘 모르겠다. 그러나 부부의 잠자리에서만은 북한 핵실험을 핑계로 녹슬었던 기계 기름치고 닦고 조이고 하는 계기가 되었으면 얼마나 좋을까? 그것도 여의치 않고 삶이 고단할 때는 짬을 내어 눈을 감고 에로틱한 상상을 해 보면 어떨까?

하나님 눈을 피해 놀아난 여인들

14

창세기에 등장하는 아담과 하와는

아름다운 에덴동산에서 아무 걱정 없이 잘 살다가 귀가 얇은 하와가 뱀의 꼬드김에 넘어가 금단의 사과를 따먹었다. 하지 말라면 더 하고 싶어지는 우리들의 본성은 창세기 때부터 어쩌지 못했던 것 같다. 일반적으로 죄 지은 사람은 다른 사람까지 끌어들여 자신의 죄를 희석시키려는 경향이 있다. 하와는 아담을 끌어들여 사과 맛을 보게 한 이후 범죄는 인간사 발전과 함께 해왔다. 그들이 사과를 먹었기에 세상의 단맛과 쓴맛을 알게 되었고 종족 번식과 인생의 즐거움을 위해서 섹스가 필요하다는 사실을 깨우쳤다. 그런 의미에서 에덴동산의 뱀은 사탄이기에 앞서 인간 내면의 욕망을 깨우쳐 준 셈이다.

아무에게나 섹스의 터전을 마련해주는 직업적 매춘부에겐 꽤나 관대했던 하느님이 유독 유부녀의 성적 비희(秘戱)에는 초강경 조치를 취하셨다. 성관계에서 여성의 가장 큰 역할은 참여이며,

남성의 성적도구에 지나지 않아 성관계 중에 여성이 화려한 개인기나 출중한 공격술을 구사하거나 응원의 교성을 내는 것은 성적 사치이거나 음탕한 허영의 발로라는 것이다.

그럼에도 불구하고 하느님의 뜻에 반기를 들고 성의 자유를 부르짖던 용감무쌍한 투사형 여성도 허다했다. 하느님의 눈초리를 의식하면서도 본능에 충실한 섹스를 구가했던 역사적 여성들, 러시아의 여제 카타리나, 청조 말기의 서태후, 신라의 진성 여왕, 이조의 어우동 등이 지 멋대로 놀아나 하느님 눈 밖에 난 여자들의 선두 주자다.

요즘에도 놀아나는 여자들의 소문은 끊임없이 들려온다. 육신을 지배하는 이성에서 과감하게 뛰쳐나와 창조적 권위를 빗겨가면서까지 본능에 충실한 사람들의 이야기다.

"성병입니다. 남편 분도 같이 치료받으셔야 합니다."

"으악.............."

뭔 짓을 했으니 아랫동네가 가려운 거 같기도 하고 찜찜하기도 해서 설마설마 하면서 들렀던 병원에서 이런 소리를 듣는다면? 길거리를 가다가 돌부리에 걸려 넘어졌을 때 아픈 것보다는 누가 볼까봐 벌떡 일어나듯이 자신도 자신이지만 남편까지? 라면 어디서부터 어떻게 주워담아야 할지 난감하기 짝이 없다. 남편에게 성병 가능성을 알린다는 것은 죽어도 못할 짓이다. 감내하기 어려운 상황에 번뜩이는 재치로 간교한 꾀를 내 보지만…

"나만 치료하고 남편에게 뒤집어씌울까? 너무 영악스러운 짓일까?"

여성은 성병에 걸리더라도 남성과 달리 증상이 없는 경우가 많아 안심하고 '괜찮겠지'하면서 바깥에서 한 짓을 은폐하고 싶은 마음에 남편과 자연스러운 잠자리를 가졌다면 영락없이 딱 걸린다. 성병은 탁구공처럼 남녀 사이를 왔다갔다 하는 핑퐁감염이다.

성병은 구약시대부터 있었다.

"어떤 남자가 성기에서 고름이 흘러나오면 그 나온 것은 부정한 것이다. 고름을 흘리던 사람은 그 병이 나은 경우에 자기 몸이 정하게 되기까지 7일간을 꼬박 기다렸다가 옷을 빨아 입고 흐르는 물에 목욕을 하여야 한다."

이것은 레위기에 나오는 성병 걸린 남성에 대한 이야기이다. 이처럼 성병은 태초의 인간과 함께 했던 유구한 역사를 가진 병으로 남성의 전유물로 인식되어 왔지만, 의외로 여성들도 성병에서 자유롭지 못하다는 것은 국립보건원 통계를 통해서도 알 수 있다.

이 통계에 따르면 비임균성 요도염을 제외한 나머지 성병에서 여성 감염자의 수가 남성보다 오히려 많은 것으로 나타났다. 성에 대한 인식이 개방화하고 성병을 일으키는 병원균들의 기존 치료약에 대한 내성이 강해지면서 여성 감염자 수가 크게 증가하고 있는 것이다.

이 땅에 남편들은 아내가 나에게 무엇을 해 줄 것인가를 생각하지 말고 내가 아내에게 무엇을 해 줄 것인가만 생각해야 할 때다. 옆에서 잘 자고 있는 아내라도 다시 한 번 보면서 머리카락도 쓰다듬어주고 잘 덮고 자는 이불도 한 번 더 꼭꼭 눌러주며 마음을 사로잡아야 하지 않을까?

피그말리온 같은 사랑을...

15

유난히도 가기 싫었던 여름도 드디어는 어쩔 수 없나보다. 징그럽게 덥더니만 이제 좀 살 것 같은데 정작 중년이 된 남편의 기분이 우울하다. 방에 있던 달력을 뜯어내면서 나이를 먹는다는 것을 느꼈기 때문일까? 남성들도 갱년기가 있다더니 정말 그런 건가? 남편이 갑자기 유난히 기력이 없어 보이고 잠자리에 관심이 없어지고 아내를 피하려고 하는 느낌이 든다면 남성 갱년기를 의심해봐야 한다.

갱년기는 여성들만의 문제라고 생각하기 쉽지만 그렇지 않다. 폐경과 동시에 급격한 노화과정을 겪는 여성과 달리 나타나는 시기도 늦고 서서히 그리고 지속적으로 겪는 것이 다르며 모든 남성에게서 동일하게 나타나지도 않는다. 남성 갱년기의 가장 중요한 원인은 남성호르몬을 중심으로 한 내분비계의 변화가 주 역할을 하는 데, 테스토스테론은 중년이 되면 매년 1%씩 감소하고 성장호르몬도 사춘기 이후 10년에 14%씩 떨어지고 그 외 각종

호르몬들도 점점 줄어든다.

한의학의 고전인 황제내경과 동의보감에는

"40세에는 신장의 기운이 쇠하여 머리털이 빠지고 이가 마르고 48세에는 양기가 상부에서 쇠하여 얼굴이 초췌해지고 머리털이 반백이 되며, 56세에는 간의 기운이 쇠하여 근육을 움직일 수 없고, 64세에는 천계가 다하여 정(精)이 줄어들고 신장이 쇠해져서 형체가 모두 극에 이르며 치아와 머리칼이 없어진다"고 남성의 노화를 설명하고 있다.

갱년기의 대표적 증상은 성욕감퇴와 발기력이 저하되고 사정액도 줄어든다. 기분 변화가 급격해지고 쉽게 실망하고 쉽게 화를 내며 불안 초조하고 삶에 대한 활력이 떨어지고 만족감과 행복감도 줄어든다. 쉽게 피로하며 지적 능력, 집중력, 암기력도 떨어지기도 한다. 얼굴이 화끈거리고 땀을 많이 흘리기도 하고, 골밀도 감소, 내장 지방 증가로 아랫배가 나오고, 근육량과 근력 감소, 겨드랑이 털과 음모가 줄어든다.

그리스 신화에 나오는 키프로스의 왕이자 뛰어난 조각가 피그말리온(Pygmalion)은 여자의 결점을 너무 많이 보아 여성을 혐오하며 독신으로 지냈다. 어느 날 상아로 처녀를 조각하였는데, 마치 살아 있는 것처럼 보여 감탄한 나머지 사랑에 빠졌다. 그는 조각상을 끌어안기도 하고 옷을 입히고, 반지와 목걸이와 귀걸이를 달아 주었다. 그러던 중, 키프로스 섬에 아프로디테의 제전이 호화롭게 거행되었는데 그 자리에서 신들에게 '상아 처녀와 같은 여인을 아내로 주십시오.' 라고 소원을 말하자 아프로디테는 그의 참뜻을 알고 이를 허락하였다. 조각 입술에 온기가 돌아 피그말리온은 기뻐하며 착각이 아닐까 조바심하면서 사랑으로, 희망으로 손을 대보니 분명 살아 있어 비로소 여신께 감사드리고 처녀 입술에 입술을 갖다 대자 얼굴을 붉혔다. 아프로디테는 두 사람의 결혼을 축복해 주었고 이 결합으로 아들 파포스가 탄생했다.

심리학에서는 칭찬하면 칭찬할수록 더욱 더 잘하는 동기를 제공하는 것을 피그말리온 효과(Pygmalion Effect) 라고 한다. 타인이 나를 존중하고 나에게 기대하는 것이 있으면 기대에 부응하는 쪽으로 변하려고 노력하여 그렇게 된다는 것. 남편들이 갱년기 증상에 둘러싸여 헤어나지 못할 때 아내가 할 일은 딱 하나.

"당신 참 멋지네. 요즘 왜 그렇게 달라지는 거야? 가을 타는 거 아냐? 얼굴에 화색이 도는 게 당신 혹시 나 몰래 사랑에 빠진 거 아냐? 아무래도 이상해. 빨리 고백해."

사실 가당치도 않은 얘기지만 그러면 좀 어떠랴. 콧구멍 벌렁대면서 싱긋이 웃으면서 바로 되돌아오는 메아리…

"싱거운 사람, 내가 그럴 리가 있어? 난 그저 당신밖에 없다구… 알잖아? 오늘 저녁에 파포스 같은 막내하나 만들어볼까?"

'으이그, 으이그' 간지럽게 때리는 시늉만 하면서 속으로는 '추켜 주면 저 꼴 보기 싫대니까. 얼굴도 퍼석 퍼석 한 게 못 봐주겠구만, 영양 팩이라도 해 줘야겠네. 막내까지도 안 바래. 기운 좀 차려 줘, 여봉…'

두 번째 눈을 기다리며

16

사람들을 만날 때마다

섹스를 하는 목적이 아기를 낳기 위해서 보다는 쾌락을 위해서 한다고 하면 다들 '뭐 이런 당돌한 여자를 봤나'하는 듯한 눈으로 쳐다보거나 '쪼끄만 여자가 엄청 밝히네' 하는 눈빛을 보낸다. 섹스는 생명, 사랑, 쾌락을 바탕으로 종족 보존을 위한 '리프로덕티브 섹스(reproductive sex)', 연애 감정이 앞서는'러브 섹스(love sex)', 쾌락을 목적으로 하는'레크레이셔널 섹스(recreational sex)'가 있다. 물론 결혼한 지 얼마 되지 않은 부부들에게는 이 세 가지 개념이 합쳐진 섹스를 할 것이다. 2세 출산을 염두에 둔 섹스에서 연애 감정과 쾌락을 함께 맛보기 위해 밤이면 밤마다 할 것이다.

하지만 중년들은 자녀 출산은 이미 끝났고 젊은 시절의 연애 감정도 옅어지다보니 쾌락이 주목적이 되는 셈. 퇴근 후 한잔하고 들어와서는 몸매 관리하랴, 애들 진로문제 신경 쓰느라, 집 늘려 가는 정보 수집하랴 하루 종일 동동거려 대단히 피곤하신 아내를 부득부득 깨워서 품었으면 아내의 몸을 제대로 공략해서 기쁘게 해줘야 마땅하지만 실력이 신통치 않으니 아내가 잠도 채 깨기도 전에 제풀에 '픽' 쓰러져버린다. 남자는 오직 화살, 여자는 과녁일 뿐이다. 아내가 도약할 준비가 되었는지 세심하게 살피고 리드하며 절묘한 타이밍을 맞춰 가면 좋겠으나 그게 아니니 아내는 뭘 느끼기는커녕 불쾌하기만 하다. 이런 남편들에게 '섹스란 남자와 여자가 절묘하게 호흡을 맞춰 전개하는 페어 스케이팅 같은 상호 교감의 극치'라는 말은 사치일 뿐이다.

"괜히 잠만 홀랑 달아나고 다시 잘래니 잠은 안 오고, 옆에서 술 냄새 푹푹 풍겨가며 코를 곯아 제끼니 참 기가 막혀서…옷만 벗고 이거 뭔 짓이래. 아주 마누라를 커피 자판기로 안 대니까…"

"말도 마. 내 친구는 그거 하는 도중에 하품하다가 남편한테 따귀 맞았대. 걔 남편도 참 그렇다. 아무리 그렇다구 때리기까지 할 건 뭐 있냐? 정말 얼마나 재미가 없었으면 그랬겠어? 이 나이에 애를 낳을 것도 아니고 뭐 좀 신이 나야 그 짓도 하는 거 아냐?"

그러나 중년이 되면 체력이 현저히 떨어지기 때문에 쾌락을 위한 섹스가 가능하게 하려면 정신적 에너지가 뒷받침돼야 한다. 사업 성공이나 직장에서의 승진 등 사회적 보상이 이뤄져야 원만한 성이 가능해진다는 것. 사업수완도 별로 좋지 않거나 직장 다니면서 승진과 거리가 먼 만년 그 자리인 남성은 밤일도 그저 그렇다는 얘기다. 그렇다고 손놓고 있을 건가?

며칠 전 첫눈이 왔다고 한다. TV에서는 입동 전날 첫눈이 내렸고 엄청 추워졌다면서 절기는 역시 못 속인다고 떠들썩하다.

밤중에 왔다는 데 어디만 왔는지 야속하고, 쥐고 있던 걸 놓쳐버린 것 같아 허전하고 믿고 싶지 않은 마음이다. 동화 속에 나오는 애기처럼 마음씨 착한 사람에게만 보이는 눈이었을까? 첫눈은 누구나 가슴 설레게 하는 재주가 있다. 딱히 만날 사람도 없지만 그래도 퇴근 무렵쯤에 전국에 골고루 와 주면 안 될까? 한해가 가는 게 아쉬워진 중년은 하늘에 계신 분께 시비가 걸고 싶어진다.

연애하다가 끝까지 이루지 못한 사랑을 아쉬워하며 첫눈 올 때마다 만나자고 약속한 사람들이 있다. 그런 사람들은 헤어질 때는 괴로웠겠지만 달콤한 추억을 먹으며 사는 지금은 얼마나 좋을까? 지난 일은 지난 일이고, 그런 행운아들을 마냥 부러워할 일이 아니다. 어딘가에 있을 알지도 못하는 멋진 사람을 그리워하기보다는 아쉬운 대로 집에서 매일 보는 집사람을 불러내야 하지 않을까?

첫눈은 없던 걸로 치고 두 번째 눈을 기다리면서 시나리오를 준비해보자. 사람은 뻔한 거짓말을 하는 줄 뻔히 알면서도 기쁠 때가 있다. 아저씨도 밖에 나갔을 때 실수로 '오빠'란 소리 들으면 좋겠지만 아줌마도 '언니'란 소리 들으면 몇 시간이 그냥 즐겁다. 남자들은 식당에 가서 엉뚱한 사람에게 '언니, 언니' 하지 말고 집에 있는 언니 불러내면 그때도 하품을 할까? 눈 오는 날 러브스토리에 나오는 장면처럼 눈싸움하며 뒹군다고 아내가 유치하다고 화를 낼까? 절대로 그런 일은 없을 것이다. 손가락에 장 지지라고?

섹시한 목소리에 무너지는 남편들

17

060 전화를 이용해 휴대전화 음란 메시지를 무차별로 살포한 일당이 무더기로 경찰에 붙잡혔다. 고소득 보장 광고를 보고 모여든 수많은 주부와 여대생이 뭇 남성들을 상대해 온 것이다. 이 여성들은 시간을 오래 끌수록 수당을 많이 받기 때문에 신음소리와 각종 음란한 대화로 남성 고객과의 통화 시간을 끄는 데 주력한다. 인터넷과 휴대전화 요금 등 통신비 지출이 크게 늘어 한국은행에 따르면 올 상반기 가계의 최종소비지출 가운데 7.2%로 가계의 외식비 지출규모를 추월했다고 한다.

"저녁때 호기심에 성인 채팅 사이트에 가입하고 한 여자와 채팅을 하다가 전화로 통화하자고 하더군요. 060 전화번호를 누르고 음악소리가 나오면 계속 몇 번을 누르라고 하더군요. 그 멘트에 따라 하래는 대로했는데 초당 얼마라는 얘기는 못 들었어요. 별 생각 없이 한 시간 반 정도 통화를 했는데요. 친구들이 제가 그 여자한테 속은 거라네요. 전화비 무지 많이 나올꺼라던데 정말

그런 건가요?"

인터넷 서핑을 하다 보면 여기저기서 쪽지들이 날라 온다. 그냥 주부라고 하면서 060전화로 즐기자고 꼬시는 데 이게 바로 바가지 옴팡 쓰는 지름길이다. 거의 텔레마케터 수준의 여성들이 프로정신으로 덤빈다. 집에서는 생전 듣도 보도 못한 콧소리에다 나긋나긋한 기교 섞인 목소리로 '오빠!'를 불러 제끼니 나중에 산수갑산을 갈망정 뽕 맞은 사람처럼 몽롱해지면서 해피하다.

순간이라도 짜릿함을 맛 봤다면 비싼 요금을 지불하는 것은 마땅하다. 우연히 성인 채팅 사이트에 가입했다는 건 새빨간 거짓말. 신상정보를 정확하게 적고 결제를 해야 가능한 얘기인데 우연은 무슨… 그것도 한시간 반씩이나 통화하고 나서 '여자가 속였네 어쩌네'는 핑계 꺼리가 너무 궁색하다.

초록은 동색이라고, 남자들의 반응은 하나같이 빠져나갈 구멍을 찾아주는데 동조한다. 모르고 그랬으니 안 됐다는 둥, 분명히 속았다는 둥, 돈이 엄청 나올텐데 어떻게 하냐는 둥, 고소를 할 수도 있을 것 같다는 둥, 채팅 당시 상대여자의 아이디를 기억하냐는 둥, 그냥 똥 밟았다고 생각하라는 둥, 사이버수사대에 신고해보라는 둥, 아니면 변호사에게 한번 이야기 해 보라는 둥 '그 밥에 그 나물'이다.

"말도 마, 나는 저녁 7시만 되면 정확하게 문자 메세지가 떠서 짜증 나. 꼭 그 시간만 되면 오는 게 아마 자동으로 문자를 오게 해 놓은 거 같애. 처음엔 모르는 여자가 나를 오빠라니까 호기심이 생기더라구. 그래서 몇 번 눌러봤지… 목소리만 들어도 아주 흥분되던 걸… 그럴 때마다 통화료는 올라갔을 꺼야. 그런데 마누라가 고지서를 보고도 가만히 있는 걸 보면 뭐가 뭔지 모르는 모양이야. 내가 장난 친 걸 알면 아마 죽일라고 뎀빌껄?"

"나두 그런 적 있어. 왜 그런 거 있잖아. 오빠 느끼고 싶어~당신의 꽃향기를…, 오빠~♥ 왜 전화 안 했어 밤새 기다렸는데 통화버튼 눌러 조오~♥ 이런 거 말야."

폰섹스는 서로 떨어져 사는 부부가 성관계에 갈증을 느낄 때 각자 자위를 하면서 노골적이고 원색적인 대화로 쾌감을 맛보거나, 오래된 부부들이 새로운 양념으로 이용하면 색다른 맛을 느낄 것이다. 그러나 남성들은 060을 이용할망정 아내와 즐기고 싶어 하는 것 같지는 않다. 왜 그럴까? 아내가 전화 저 편에 있는 여성들 보다 덜 섹시한 목소리 때문일까? 아니면 듣던 목소리라 새롭지 않아서일까? 아내들이 딴 여자인 척 하고 전화로 접근한다면 많은 남편들은 어떻게 반응할까?

"여보세요? 오빠! 우리 얘기 좀 해요. 아아아… 아으 오빠 나 외롭거든요. 오빠! 오빠!…"

남편 핸드폰에 분명히 '마누라'라고 번호가 찍혔는데도, 둘은 깜찍하게 쿵짝을 맞춘다.

"허걱…. 싸모님! 저도 외로워요. 우리 오늘 밤새도록 찐한 대화를 나누실까요?"

폰섹스가 별건가? 드라마나 영화에서 본 장면들을 상상하면서 콧소리와 신음소리를 번갈아 내면서 갈고 닦는다면 남편을 후끈 달아오르게 할 수 있지 않을까?

연말이면 더 추운 남자들
으시시한 남편에게 거품목욕을

18

외로움에 떨고 불만에 가득 찬 아내가 살고 있다. 아무 생각 없이 살다가 문득 '이건 아니잖아' 하는 생각이 드는 중년부인들이 있다. 특히 친구들끼리 수다 떠는 데 은근히 자랑하며 즐기는 친구의 얘기를 들어보면 더 그렇다. 그러나 요즘은 특별한 이유 없이 한달 이상 그냥 잠만 퍼 자는 부부들이 아주 많다.

그런데 연말이 되면서 남편들에게는 섹스를 기피하는 특별한 이유가 더 많아졌다. 갈수록 깐깐해지고 있는 인사평가, 치열한 자기계발 경쟁, 경기부진 및 기업의 투자위축에 따른 구조조정의 칼날이 중년남성들의 목을 옥죄고 있다. 이런 스트레스가 밥그릇과 맞물리면서 압박감은 극에 달하고 연말 업무까지 겹치면서 몸과 마음은 천근만근이다. 바짝 긴장한 남편들은 사내 업무능력 시험에 날밤 새우고, 사내 의무교육 채우기, 영어성적 높이기 등 밀린 숙제를 하느라 퇴근시간이 자정을 훌쩍 넘기기 일쑤다. 온갖 스트레스 때문에 머리카락이 한 움큼씩 빠져나가며 고참일수록 명예퇴직이니 구조조정이니 은근한 압박에 어깨는 짓눌려 으슬으슬 추워진다. 그래도 집에 와서는 멋진 모습으로 보여지고 싶은 마음에, 남자다움을 잃고 싶지 않아서, 또는 마님께 까지 걱정을 끼쳐드리게 하기 싫어서, 가부장적 권위에 끈을 놓지 않는다.

"절대로 아내가 알아서는 안 되지. 내가 회사에서 그렇게 깨지고 있는 줄을 알면 아마 실망할 껄?"

"사내자식이 시시콜콜 밖에 일을 집사람에게 다 말하면 되나? 그저 나 하나 힘들면 됐지… 모르는 게 약이지 뭐"

밖에서 몸과 마음의 전쟁들을 치르고 있으며 또 이런 속 깊은 생각을 하는 것을 알 리가 없는 아내들은 어떤가?

"우린 모르지. 그러나 우리 남편은 성실하고 진국이거든. 승진이 늦어서 좀 그렇기는 하지만 회사에서 엄청 알아줘… 사람들이 일을 시원찮게 하기 때문에 우리 남편이 대신 다 하느라 매일 집에 늦게 오잖아. 자기가 없으면 회사가 휘청한다고 그러더라구…"

"남자들이 돈벌어오는 건 당연한 거 아냐? 아무리 바쁘고 스트레스 받아도 그렇지. 나를 생과부 만들려면 뭐 하러 결혼을 했냐구? 머리 깎고 스님이나 되든지, 신부님이나 됐어야 하는 거 아냐?"

이런 얌통머리 없는 아내들이 요즘 참 많다. 생각하면 기가 막힐 수도 있겠지만 어쩌겠는가 세상이 그런 것을. 바깥양반이 나가서 모진 고통을 당하며 가족을 멕여 살리려는데 안 사람이 밖으로 돌아 치며 원초적 욕구를 해결하러 다닌다면 떡 해 먹을 집구석으로 전락하게 된다.

안사람은 안사람다워야 안사람이다. 손놓고 있지 말고 파김치가 된 남편이 지하철 안에서도 발걸음을 재촉하게 깜찍을 떨어 보는 것도 방법이다. 루마니아에서는 Jacuzzi(거품목욕)가 유행처럼 번지고 있다고 한다. 거품목욕은 럭셔리한 욕실의 새 하얀 욕조가 어울리겠지만 영화 속에서는 빨건 고무대야에서 거품가지고 둘이 장난치며 노는 데 꽤 재미있어 보였다. 특별한 날에 한번쯤은 부부끼리 거품 목욕을 함께 한다면 참 좋을 것이다.

그러니 너무 유능해서(?) 회사 일을 혼자 다 하고 늦게 들어오는 남편에게 피로와 스트레스를 한 방에 날려버릴 수 있는 사치를 맛보게 해 주자. 초인종 소리를 듣자마자 목욕탕 욕조바닥에 미리 짜 놓은 버블바스에 따뜻한 물을 받으면 거품이 잘 살고 물도 안 식고 향기로운 냄새가 긴장도 풀어 준다. 남편을 왕같이 대접하면 아내는 당연히 왕비가 된다. 방울방울 비누거품 속에 미끌미끌하지만 왠지 대접받는 거 같아 피곤은 사르르 풀리면서 흥분되고 황홀해 하는 동안 아내가 따라 들어와 거품장난을 치면 동심의 세계로 돌아간다. 둘이 유치찬란하게 놀다가 미리 준비한 와인 한 잔까지 부닥친다면 별 다섯 개 호텔도 부럽지 않을 것이다. 왕과 왕비는 그 날 밤도 그냥 잤을까?

제2장 사랑

황진이처럼 살고싶은 아낙네들

19

드라마에서 기녀라는 신분 때문에 많은 상처를 받아온 황진이가 위로를 받을 수 있을 것 같은 '이생'을 기둥서방으로 삼기로 했다. 황진이가 "지부가 되고 싶니? 될 수 있겠어?"라고 묻자 이생은 "네가 좋다면 나는 나쁠 것 없다"라고 화답했다.

조선시대 중종 때 개성에서 진사의 서녀로 태어났으나, 사서 삼경을 읽고 시·서·음률에 뛰어났으며, 출중한 용모로 더욱 유명하다. 15세 무렵에 동네 총각이 자기를 연모하다가 상사병으로 죽자 기계에 입문하여 기생으로 많은 이들을 매혹시켰다. 당대의 일류 명사들과 정을 나누고 벽계수와 깊은 애정을 나누며 난숙한 시작(詩作)을 통하여 독특한 애정관을 표현했다. 당시 10년 동안 수도에 정진하여 생불이라 불리던 지족선사를 유혹하여 파계시켰고, 당대의 대학자 서경덕을 유혹하려 하였으나 실패한 뒤 사제관계로 지냈다.

'하늘도 무심하시지 어쩌면 세상은 이리도 공평치 못한지 모르겠다. 원래 하늘은 공평해서 사람들마다 다 다른 재주를 가지고 태어나게 한다고 하지 않던가? 그런데 이게 공평한 건가? 황진이는 얼굴도 이쁘지, 공부도 잘하지, 몸매 되지, 춤도 잘 추지, 시도 잘 짓지, 악기도 잘 다루지… 지성과 미모를 다 갖추었다는 말이다. 그러니 뭇 남정네들이 하나같이 흠모하고 안달을 하면서 갖은 재롱은 다 떨고 있다. 그런데 아주 거만하게 눈 내리깔아가면서 애간장 타게 만들더니 자기에게 상처주지 않으면서 남성미가 줄줄 흐르는 이생을 택하고 만다. 잘난 여자가 할 수 있는 최고의 선택이다.

"야 엄청 부럽더라. 통쾌하기도 하구. 여자가 남자에게 프로포즈를 먼저 하잖아. 지금도 하기 어려운 것을 그 당시에 했다는 말이지… 대단해. 아주 멋져."

"잘 났으니까 그럴 수도 있었을 꺼야. 우리 같으면 꿈도 못 꿔 봤겠지만…"

"여자도 여자 나름이지 그저 샘이 날 따름이야. 정말 기생이라고 해도 멋지게 살다간 거 같아. 원 없이 남정네들 품어봤을 거 아냐? 도도하게 굴면서도 대접받아가면서…"

누구나 갖출 거 다 갖추고 살면 더 이상 바랄 게 없을 것이다. 동짓달 마지막 날 눈이 내린 오전 10시부터 11시 사이에 음성통화와 문자메시지 발신량이 평소보다 급증했다고 한다. 얼마 전 첫눈이 내렸지만 한밤중에 몰래 와서 연인들끼리 첫눈 온 기쁨을 맘껏 즐기지 못했기 때문에 그때 눈은 안 쳐주는 것 같다. 오래 산 연인들(?)도 마음이 달뜨는 건 마찬가지다. 첫눈이 오는데, 가슴은 설레지만 딱히 전화 걸 데는 없고 그렇다고 연락 오는 데도 없고, 영양가 없는 사람에게서라도 문자 메시지라도 받으면 좀 좋으련만… 마음은 스산하고 애꿎은 가슴팍만 포크레인으로 사정없이 후벼 파인다.

사랑은 아무나 하냐구. 나이트클럽에서 부킹할 때 명함 받아보고 나서 응한다는 얘기, 애인이 서너 명씩 있으면서도 기회만 닿으면 또 다른 사랑을 찾아 헤매는 사람들도 간간이 있다고들 하나 뭇 사내들에 둘러싸여 도도하게 살아간 황진이 언니 같은 삶을 흉내낸다는 게 결코 쉬운 일은 아니다. 몇몇 잘 나가는 사람들 쳐다보며 맘 상하지 말고 그저 제일 만만하고 안전하고 돈 안 드는 집구석에서 찾는 게 남는 장사다.

가까운 데 꺼 잘 안보이고 먼 데 꺼만 잘 보이는 녹 쓴 눈에다 돋보기를 덧씌우면 남편이 바라보고 웃을 것이다. 떡도 먹던 떡이 낫다고, 어디 가슴 콩콩 뛰게 해 줄 사람 있을까… 눈을 휘번덕거려 가며 짧고 통통한 목 길게 빼 봤자 집에 있는 바깥양반만 못하기 쉽다. 괜히 허파에 바람 잔뜩 불어넣느라 기운 빼지 말고 신분 확실한 남편과 노는 것이 편하고 훨씬 이익일 것이다. 결국에는 회원이 두 명인 모임을 예약해야 한다.

"12월 번개. 어디 19시 전원참석바람. 좁쌀모임회장"

이라고 문자 날린다면 꿩 대신 닭이라고 그런 대로 눈 온 날 기분은 낼 수 있지 않을까?

제수씨랑 부르스를 땡기다니

20

동짓달이나 섣달이 되면

퇴근 무렵이 어수선하다. 일이 손에 잡히지도 않고 들 뜬 기분은 두 달 동안 이어진다. 금요일만 되면 망년회가 몇 개씩 겹치기까지 하는데 갈까 말까 하는 모임도 있지만 꼭 가고 싶은 망년회도 있다. 친구들은 어떻게 살고 있나 궁금하기도 하고 제수씨(?)들 또한 보고 싶어 연말을 핑계로 부부동반 거사를 꾸미게 된다. 망년회(忘年會)는 '한해의 노고를 잊는다'는 뜻의 일본식 한자어다. 일본에서는 1400여 년 전부터 섣달 그믐께 친지들끼리 어울려 술과 춤으로 흥청대는 세시 민속이 있었다고 하는데, 이것이 일제시대 전후로 우리나라에 들어와 어느새 우리의 대표적인 연말 풍속으로 자리 잡았다. 그런데 대체적으로 남성들의 망년회는 술독에 빠지는 날로 알고 있다. 아무리 부부동반이라도 술타령하려고 작정을 하고 아내와 같이 가는 데도 버스와 전철을 갈아타고 가는 부부, 갈 때는 남편이 운전하고 올 때는 아내가 차와 남편을 끌고 오는 부부, 아예 둘 다 실컷 마셔대고 대리운전 부르는 부부

등 움직이는 방식도 사돈댁 오이 먹는 방법처럼 가지가지다.

말로는 아내들에게 모처럼 점수를 따보자고 한 부부동반 모임이지만 그동안 벌어놓았던 마일리지마저 다 까먹기 십상이다.

막상 마님들을 뫼시고 만나다보니 친구 어부인들께 접대용 멘트도 날려야 하고 나의 마님께도 헐리우드 액션으로 친절도 베풀어야 한다. 그런데 가끔 낯뜨거운 줄 모르고 자기자랑 하는 놈에 돈 냄새 풍풍 풍기는 놈 때문에 분위기 잡칠 때가 있다. 그러나 더 나쁜 시추에이션은 술에 안주에 밥까지 짬뽕으로 꾸겨 넣고 나서 배가 더부룩하고 기분도 알딸딸하니 소화도 시킬 겸 스트레스 풀자고 가는 곳은 다름 아닌 노래방. 말은 술 깨러간다지만 노래방에 들어서자마자 음료수에 맥주에 너더분하게 시켜놓고 또 부어라 마셔라 비틀거리며 고래고래 소리를 질러대며 노래를 부른다. 빠른 템포 노래를 부르면 각자 흔들어 제끼지만 느린 템포 노래가 나오면 일은 벌어진다. 어디가나 촐랑대는 사람이 감초같이 있게 마련이다.

"야, 너희 나가 춤 춰. 느네도 나가고. 야 빨리 나와."
하면서 잡아끌고 버티고… 못 이기는 척하면서 꾸역꾸역 나온다.

"다들 쌍쌍이 나가더라고. 그래서 나도 부르스 출 줄은 모르지만 나갈 준비를 하고 있었는데, 남편이 뭐라는 줄 알아? 당신, 춤 못 추지? 하면서 친구 와이프 손을 잡아 댕기는 거야. 야아, 나 정말 확 돌아버리는 줄 알았어. 어떻게 그럴 수가 있냐구. 내가 두 눈 시퍼렇게 뜨고 있는데… 내가 인간성이 좋으니까 참았지 딴 사람 같았으면 어림도 없었을 껄. 그런데 그 여자의 남편은 그냥 웃고 있는 거야. 그게 웃을 일이니? 마누라가 자기 친구하고 춤을 추는 데… 부르스도 점잖게 추는 분도 있지만 술 냄새 풍풍 풍겨대며 밀착하면 기분 아주 드럽잖아. 밑에가 불뚝 서서 슬쩍슬쩍 닿는 놈에, 귀에다 바람넣는 놈에, 숨소리 씩씩 대는 놈도 있잖아. 손바닥 긁는 놈까지 있더라구."

이거 수습하자면 시간 좀 걸린다. 집에 돌아오는 도중에 1차로 싸우고, 집에 와서 연장전까지 가도 결판이 잘 안 난다. 분이 안 풀려 퉁퉁거리며 침대 끝으로 가서 등 돌리고 이불 골을 판다. 약올라 잠도 안 오고 뒤척거리며 '내 드러워서 살 빼고야 만다.'며 굳은 결심을 해 보지만 글쎄 그게 쉽사리 되는 게 아니니 책임 못질 말은 뱉는 게 아니다. 얄밉게도 '우리가 무슨 일이 있었나요?' 하는 듯 코까지 곯며 자는 무신경한 남편.

다음날, 남편은 어제의 실수는 술 핑계를 대며 꿰매보려고 하지만 싸늘한 시선은 감당하기 어렵다. 몸으로 저지른 죄를 몸으로 때울 방법은 오직 하나! 속옷바람에 '내년 이맘때까지 사흘에 한 번씩 잠자리하기'는 팬티에, '매일 저녁 애무하기'는 손등에, '매일 아침저녁 키스하기'는 입술에, '일요일은 노예로 살기'는 가슴에 쿠폰을 붙이고 아내 앞에 '짠'하고 나타나 맘에 드는 것 하나만 고르시라고 비굴한 웃음을 흘리며 애교를 떤다. 아내는 어제 저녁 일은 까맣게 잊은 듯 깔깔대며 남편의 몸을 샅샅이 훑어본다.

"이것도 하고 싶고 저것도 하고 싶은데 다 고르면 안 될까?" 하며 포스트잇을 떼려고 손을 뻗칠 때 남편은 떨고 있다. 제발 팬티에 붙은 것만 뽑지 않기를…

폭탄주 딸랑딸랑보다 야타족이 좋아

21

술은 이집트에선 오리시스 신이 처음 만들었고, 중국에선 '의적'이 처음 만들었으며, 희랍신화에서는 '박카스'를, 인도에선 감로주를 처음 빚었다는 '소마'를 주신으로 내세우고, 일본 고사기에는 응신천황 때 백제사람 '인번'을 주신으로 모셨다는 기록이 있다.

올 연말에도 망년회가 줄줄이 잡혀있다. 직장인 송년모임은 이번 주말(16일~20일)에 49.1%가 몰려 가장 많다고 하는데, 여전히 음주가무형(63.1%)이 가장 많고 술만 마시는 음주집중형이 24.4%로 나타났다. 술이 몸에 이로울 것이 별로 없다는 것을 알면서도, 나방이 제 살 타는 줄 모르고 불 속으로 뛰어들 듯 '부어라 마셔라' 하고는 집에는 어떻게 왔는지 필름이 끊겨 알지도 못한다.

다음 날 아침 일어나기는 죽기보다 싫고 술이 덜 깬 부석부석한 얼굴로 큰 벼슬한 것처럼 꿀물 타와라, 해장국 끓여라 큰소리치지만 몇 숟가락 뜨지도 못하고 목구멍이 포도청이니 어쩔 수 없이 겨우 출근을 해서도 속이 쓰려 하루 종일 우울하다.

"야, 난 말야 이번 주 내내 송년모임이야, 아휴 죽겠다 죽겠어. 아직도 술이 덜 깬 거 같아. 머리만 띵하고…"

"말도 마, 난 이 달 말까지 스케줄이 꽉 늘어섰는데 술은 몸에 해로우니까 올해 안에 이 땅에 있는 술을 다 마셔버리려고 해."

남성들은 분위기에 휩쓸리고, 허세를 떠느라 자기 주량을 넘어서면서까지 부어댄다.

"폭탄주 서너 잔을 마셨는데 정말 확 돌아버리겠더라구. 그것만 전문으로 조제하는 친구가 잔을 돌리는데, 일단 받으면 '완 샷'을 해야 하고 머리에다 잔을 털면서 딸랑딸랑 흔들어야 하잖아."

인도 코바이 메디컬센터의 무투사미 박사는 알코올중독 그룹이 테스토스테론 분비량이 적고 전체적인 정자 수가 적으며 비정상 정자 수가 많은 것으로 나타났고 발기부전 비율이 71%로 높은 비율을 나타났다고 밝혔다. 성적으로 흥분하면 뇌의 시상하부가 발기 명령을 내리고 이 신호가 뇌하수체, 생식샘 등을 거치면서 발기와 관련한 물질을 분비하여 음경에 혈액이 유입되는 것을 발기라고 한다. 단기간의 폭음으로도 이 신호전달 체계가 억제되고 발기 유발 물질도 덜 나오게 돼 발기 유발 시스템 전체가 고장나게 된다. 술은 대사이상을 초래하여 남성 호르몬의 생산을 감소시키면서 반대로 여성 호르몬이 과다분비되어 고환위축, 불임, 여성형 유방 등의 문제를 낳을 수도 있다.

남편들이 쓴 술 마셔대면서 속 쓰려가면서 보내지 않아도, 가는 해는 치약처럼 밀려가게 되어있다. 혼자 해를 보내지 못해

애쓰지 말고 아내와 같이 보내는 것도 방법이다. 없이 살다 마련한 자가용덕분에 그동안 소원했던 기차여행! 주말에 운전에서 해방되어 이 세상에서 가장 큰 차를 타 보는 거다. 낭만의 상징이었던 경춘선이나 교외전철을 타고 올해를 마무리하며 서로에게 미쳐 표현하지 못했던 일들을 떠올린다. 미안해할 건 미안해하고 고마워할 건 고마워하면서 정리를 해 보는 거다. '지는 게 이기는 거', 먼저 미안하다고 사과하는 사람이 이기는 거는 다 알지만 그게 그리 쉬운 일은 아니다.

"여보, 지난번에 시댁에 안 가려고 신경질 부렸던 거 정말 미안해. 지나고 보니 내가 너무했단 생각이 들어. 그런데 당신이 잘 참아줘서 고마웠어."

"아니야, 그 땐 당신이 바빴잖아. 할 일도 많고. 당신이 그렇게 말하니까 내가 더 미안한 생각이 드네. 속으로 얼마나 원망했다구. 올해는 참 바쁘게 살았어. 그런데 당신이 그렇게 말 해주니 참 좋네. 내년에는 둘이 오붓한 시간을 자주 갖자구."

서로 번갈아 사진도 찍으면서, 그 옛날 그토록 먹고 싶었던 손가락 소시지에 삶은 계란에 사이다를 나눠 마시며 로맨틱한 바깥풍경을 만끽하며 한 해를 보내주자. 혹시 술 생각이 나거들랑 맥주 한 캔이나 와인 한잔 정도로 아쉬움을 달랜다면 분위기를 돋궈주는 사랑의 연금술사가 된다. 기차역에서 내리면 기분이 업 된 남편은 잽싸게 스쿠터나 자전거를 빌려 아내 앞에 대령하면 두 사람은 '야타족'이 된다. 아주 오래간만에 남편의 허리를 잡고 옆얼굴을 넓은 등판대기에 파묻고 달리면 웃음이 절로 난다.

아줌마의 로맨틱 크리스마스

22

성탄절을 초대 그리스도교

에서는 하루를 전날의 일몰로부터 다음 날 일몰까지로 쳤기 때문에 전야인 이브가 중요시되었다. 그리스도의 탄생에 대하여는 신약성서 마태복음이나 누가복음에 자세히 기록되어 있으나 그 날짜에 관해서는 언급되어 있지 않다. 그러니까 산타클로스가 굴뚝 타고 들어와 착한 어린이에게 선물 준다는 이야기와 행사는 19세기 초부터 시작된 일이다.

며칠 있으면 메리 크리스마스! 이젠 국제적인 종교행사로 미신을 믿건 도깨비를 믿건 누구에게나 특별한 날이 되었다. 교회며 길거리 쇼 윈도우에 크리스마스 트리가 군데군데 보이고 매스컴에서 산타 복장을 하고 요란을 떨어주니 나이와 상관없이 온 세상 사람들의 마음이 들뜬다. 아이들이 있는 집들은 트리를 만든다고 솜이나 방울, 뺀짝이와 풀 범벅을 하지만 뭐니뭐니 해도 하이라이트는 선물이다. 무슨 선물을 받을지 궁금해 하며 양말을 벽에 걸

어놓고 자는 아이들도 있지만 선물을 받고 싶은 마음은 어른도 마찬가지다. 그런데 어떤 선물을 준비해야 상대가 감격할까 고민인 연인들은 있지만 부부들은 잘 없다. 미국에서는 보석의 23%가 추수감사절 이후에 팔리고, 청혼의 14%가 크리스마스를 전후해 이뤄진다고 한다는데 우리네 사정은 어떨까?

젊은것들은 1년 중 가장 낭만적인 날이라며 이벤트를 계획하면서 준비하는 쪽이나 뭔가 특별한 것을 기대하는 쪽이나 서서히 흥분하기 시작하다가 '그 날'에 이르면 로맨틱한 감정이 절정에 이른다. 남자의 심장은 평소보다 쿵덕대고 알 수 없는 힘과 열정이 솟아오른다. 오늘만은 무슨 짓을 하든 용서받을 수 있으리라는 믿음 때문에 성적욕구는 사정없이 팽창한다. 이런 수컷들의 발칙한 상상은 의미 있는 날에 의미를 부여하며 암컷들의 옷고름을 풀고자 피눈물나는 노력들을 하게 된다. 어떤 영화처럼, 크리스마스는 일년 열 두 달 중 단 하루 섹스를 할 수 있는 날이며, 이 날마저 여의치 못하다면 언제 또 기회가 찾아올지 모른다고 믿는 주인공처럼 그런 강박관념은 남자들의 욕구를 부채질한다.

언제부턴가 '크리스마스는 가족과 함께'라는 말들이 떠돌아다니더니 요즘은 그런 말도 쏙 들어가 버리고 아이들은 부모와 놀아줄 생각은커녕 자기네들끼리 어울린다고 돈이나 달라고 한다. 괘씸하고 자존심 상하지만 그러려니 하고 그저 둘이 노는 수밖에 없다. 어떻게 노냐고? 과거에 이미 다 해 본 스토리라고 절대로 쉬면 안 된다. 중년남편들도 부지런해야 한다. 유명 공연·호텔·카페 예매율이 95%라는 데, 오후 6시에 이름난 레스토랑에서 저녁식사. 오후 8시 눈과 귀가 즐거운 뮤지컬이나 영화 관람, 오후 11시에 근사한 와인 바에서 포도주 한 잔. 자정 무렵엔 포근하고 푹신한 침대로…. 으아 크리스마스 이브에 잘 짜여진 오감만족 시나리오다. 1년에 딱 하루, 하지만 영원히 기억될 순간이면 참 좋을 것이다. 여기저기서 시끌시끌한데 아직 아무생각이 없거나 아무런 계획이 없다면 문제없이 '블루 크리스마스'가 될 것이다. 소박하게나마 그냥 밥집보다는 아내들 취향의 레스토랑이라도 초대를 하면 낮게 드리운 조명 속에서는 더 멋져 보이고 안정감을 느끼며 심리적으로 밀착하게 된다. 근사한 분위기에서 로맨틱한 음식을 먹는 순간, 사랑의 묘약인 옥시토신이 분비돼 행복감을 느끼게 된다. 게다가 자연스럽고 달콤한 음식 향기가 이성을 유혹하는 페로몬 역할을 대신 할 수 있다는 것이다.

"크리스마스가 별건가? 우린 서로 사랑하잖아. 마음이면 되지 뭐. 그냥 집에서 맛난 거 해 먹고 TV나 보자구. 재미있는 거 많이 할 꺼야."

"으이구 으이구 웬수야. 뭐라구? 우리가 사랑한다구? 누가 그래, 우리가 사랑한다구. 누가 그러더냐구? 그리고 난 마음만 가지고는 절대 만족 못해. 그리고 그 맘 깊고 깊은 속을 누가 알아? 뭘 봐야 믿지. 뮤지컬은 그만두고라도 밥도 집구석에서 먹고 나간다 치더라도 근사한 극장표 한 장 준비 못하냐? 연애할 때 껌껌한 데서 손잡고 싶어서 안달할 때는 언제고 이제 와서 단맛 다 빨아먹었다고 이러기야? 사랑고백을 새삼스럽게 다시 받으면 흥분될 거 같은데… '너의 모든 걸 갖고 싶다' 뭐 요딴거… 그 옛날에는 그것만은 절대 안 된다고 했지만 지금은 나 다 줄 준비 되어있거든. 영화에서 어두운 장면 나올 때 하던 기습 뽀뽀도 얼마나 그리운지 알아?"

보다나은 성생활을 위하여!

23

중년이 되면 크리스마스가 가고, 해가 바뀌어도 그저 덤덤하기만 하다. 얼굴 표정도 껌껌하고 웬만큼 우습지 않으면 잘 웃지도 않는다. 12월 31일 밤 텔레비전을 통해 제야의 종소리를 들으면서 보신각에 나가서 오는 해를 맞이하려는 많은 사람들을 보면

"미친 것들… 저것들은 헐 짓이 그렇게도 없어? TV로 다 비춰주는데 허연 입김 뿜어대며 이빨로 딱딱 캐스터네츠를 두들기려고 시청까지 가냔 말이지"

하며 마땅치 않아 한다. 시청 앞에 루체비스타(lucevista: 빛의 풍경)가 그렇게 아름답다고, 청계천 야경이 황홀하다고 아무리 떠들어댄들 직접 가보지 않으면 그 감동을 온전히 느낄 수가 없다. 생생하게 보고 듣고 느끼며 사는 것이 활기차고 열정적인 삶일 것이다.

새해 첫 종이 울리는 순간 아내와 첫 키스, 첫 섹스는 어떤

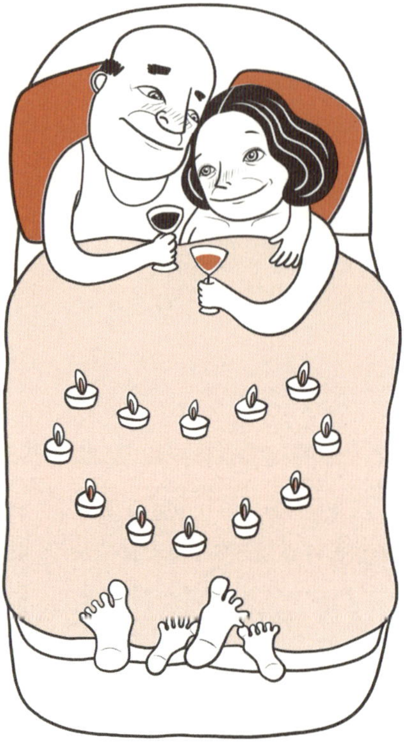

맛일까? 강아지 해가 저물고 금테 두른 돼지 해가 시작되는 역사적인 날을 멋지고 화끈한 섹스를 한다면 아주 색다른 맛일 것이다. 근사한 교외의 호텔을 찾아 마지막 밤을 보낼 둥지를 미리 예약하거나, 일출을 보기 위해 바다로 산으로 야간열차를 타고 가거나, 등산장비 챙기고 두꺼운 장갑에 양말에 완전무장 하고도 두 손 호호 불며 발 동동 구르면서 '앗싸'를 외치는 레퍼토리도 좋지만, 꼼지락거리기 싫어서 아늑하고 따뜻한 내 집 안방에서 그냥 새해를 맞이하고 싶은 커플도 있을 것이다.

낯선 곳에서 섣달 그믐날, 둘만의 밤을 보내게 된다면 흥분되고 들뜰 것이다. 최고의 무드는 바로 종소리에 맞춰 아내와 찐하게 키스하는 것, 멋진 호텔 바에서라면 더 말할 나위 없겠지만 은은한 촛불로 장식한 둘만의 공간이라면 어디라도 따봉일텐데, 이 구석 저 구석에 향수까지 뿌려준다면 이 보다 더 좋을 순 없을 것이다. 카운트다운이 시작되기 전, 아내 옆으로 가 두 손을 잡고 느끼하게 바라보면서 '사랑한다'고 말한 뒤 키스를 한다면 영화가 따로 없고 아내는 이내 무너질 것이다.

"사랑한다고 꼭 말로 해야 하나?"

"그럼, 고기는 씹어야 맛이고 말은 해야 맛이지. 이 말 듣는데 20년밖에(?) 안 걸렸네. 고마워 여보, 빨리 말해줘서…"

서툴고 정열적인 사랑의 증거, 키스마크. 연애 시절 뜨겁고 열렬했던 밤을 추억하며 묘한 기분과 짜릿했던 장면을 떠올려본다. 스카프 칭칭 동여매거나 밴드나 파스를 붙여 냄새 팍팍 뿜어대며 쑥스러워했던 그 옛날 그 때처럼 자국 한번 센 걸로 남겨볼까나? 남들 눈에 띄지 않는 은밀한 부위에 흔적을 남긴다면 어쩐지 새 거로 돌아간 듯한 착각에 빠져 색다른 경험이 될 수도 있을 것이다.

하지만 이것이 다가 아니고 내친 김에 풀 코스로 가보자. 지난 20년 별 탈 없이 가정을 지켜온 부부는 걸핏하면 삐그덕거리는 요즘 시대에 스스로들 대견스럽다. 그러니 부부의 새해 첫 섹스는 또 한해를 맞는 가슴 벅찬 중요한 의미가 된다. 그러나 시원찮은 물건(?) 탓에 기분을 낼 수 없는 불우이웃은 새벽이 제격이다. 동이 틀 무렵 타이밍을 맞춰 불끈 솟은 거시기를 들이대 강렬한 모닝섹스를 즐기고, 따뜻한 모닝커피와 함께 창문너머 시뻘건 해를 고즈넉이 바라보는 것도 참 괜찮은 컨셉일 것이다.

"여보, 우리 늘 오늘처럼 잘 됐으면 좋겠지? 둘이 딱딱 맞으니 참 좋네. 그치?"

"응, 당신 실력이 정말 일취월장하는 거 같아. 그런데 난 어떨

땐 너무 빨리 끝나서 조금만 더 시간을 끌어 줬으면 할 때가 있어."

"그래? 말을 하지 그랬어. 나도 당신이 하기 싫은 데 억지로 응하는 거 같아서 신경이 쓰인 적이 있는데… 우리 앞으로는 이런 얘기 다 하면서 살자."

민망하고 쑥스럽지만 칭찬을 번드르~ 하게 아주 많이 깔아놓고, 받고 싶은 서비스를 아주 조금씩 해 버릇해야 한다. 왜 그래야 하냐구? 보다나은 성생활을 위하여!

돼지를 스승으로 모셔야 하는 인간들

24

정해년 새해가 와 버렸다.

시속 40킬로로, 또는 50킬로로 달리기 시작하면서부터는 누구도 오는 해가 반갑지 않다. 뭘 특별히 한 것도 없는데 눈 꿈쩍하는 새 1년이 휘딱 지나가 버렸다. 황금돼지해라는 둥, 60년만이네 600년 만에 왔다는 둥 보이지 않는 손에 의해 엉덩춤을 춘다. 그러나 돼지해라고 해서 황금돼지 해의 속설을 믿는 사람들은 고작 22.9%뿐 나머지 60.6%가 믿지 않는다고 한다. 돼지에 대한 편견은 기원전으로까지 거슬러 올라가고 성경에서도 불결한 동물로 규정되는 등 그 오해의 뿌리는 깊다.

그러나 돼지는 의외로 똑똑하다. 개 IQ가 30인데 반해 돼지는 50으로 개보다 영리하다. 이건 믿을 수 없어도 믿어야 하고, 돼지에게 배울 것이 있다면 배워야 한다. 돼지는 정해진 양 이외에는 더 이상 먹지 않는다. 돼지는 먹으면 100% 물러선다. 오히려 식탐은 인간 쪽이 훨씬 강하다. 돼지는 먹을 것을 거르지 않고 꼬박꼬박 잘 준다는 것을 알게 되면 먹을 것에 크게 연연해하지 않는다. 야생의 상태에서 먹이의 수급이 일정치 않은 경우에 장기간 영양 공급을 받지 못할 상황을 대비해 영양분을 미리 비축해두는 습성이 있는데, 이는 사람도 마찬가지다.

사람들은 어떤가? 어쩌다 뷔페에 가는 날이면 몇날며칠 굶은 사람들처럼, '나에겐 내일은 없다'며 미어 터지게 먹고는 소화가 안 된다는 둥, 가스가 찼다는 둥, 헛배가 부르다는 둥 난리를 떤다. 물론 우아하기로 맘먹은 사람은 음식을 접시에 아주 고상하게 집어와서는 '미련한 것들, 수준 안 맞는 것들'이라며 마땅찮아 하면서 젓가락으로 깨지락거리기도 하지만… 과거에 한 때는 '먹어서 남 주냐'는 말이 있었다. 그런데 요즘은 먹어서 남 줘야 한다.

그 이름도 거룩한 살빼기 작전, 새해만 되면 '국기에 대한 경례'처럼 굳게 다짐해보지만 웬만해선 실패하기 십상이다. 돼지만도 못한 분(?)들이 꽤 있다. 영국사람들도 우리랑 마찬가지인지 영국 하트포드셔 대학에서 '작심삼일'을 극복할 해결책 찾는 실험에 착수했다고 한다.

"얼마나 얄미운데… 뱃살은 빠꾸샤 수준인데 꼭 살 찔 것들만 찾으니 내가 미치지. 내가 안 챙겨주니까 맥없이 냉장고를 열었다 닫았다 하다가 먹을 게 마땅찮으면 라면이라도 끓여 먹어야 직성이 풀리거든. 저녁 먹은 지 얼마나 됐다구 또 먹냐구. 생전 주방 근처에도 안 가던 양반이 자기 혼자 해 먹더라니까. 그것도 돼지 같이(?) 먹어대. 그리고 숨이 찬 지 씩씩대며 코를 고는데 원래 뚱뚱한 사람들이 코를 잘 곯잖아. 정말 싫어."

"우린 더해. 많이도 먹는데다가 도통 움직이지를 않아. 노는 날 집에 있으면 긴 소파가 남편의 공식 지정 자리야. 엎드려 텔레비전 보다가 자다가 또 뒤집어 들어 누워 밍기적거리다가 먹어대는 거 그게 하루 종일 일이야. 남들은 요가를 하네 마라톤에 테니스까지 하면서 체력관리를 하잖아. 우리 집 남자는 피곤하단 소리만 입에 달고 살면서, 뒹굴뒹굴 호박덩어리 굴러다니듯 굴러다닌다니까. 얼마나 보기 싫은데. 그러니 밤엔들 뭐가 되겠어? 남들은 몇 번을 하네 몇 시간을 어쩌네 하지만 난 하기도 싫고 치사스러워서 곁에 가기도 싫어."

잠자리 두려운 중년남성들은 흔하다. 잠자리가 시원찮으면 제일 먼저 할 일이 뱃살 빼는 일일 것이나 인생 막 내린 것처럼 낙담하다가 보약 먹느라 정신 팔려 운동은 뒷전이다. 특히 복부비만, 허리둘레 90㎝가 넘으면 발기부전이 친구하자고 찰싹 달라붙는다. 비뇨기과에서는 약물, 주사제, 수술 분야에서 완전 정복됐으니 더 이상 고민하지 말라고 용기를 주지만 '모든 길은 로마로 통한다'고 1순위가 비만탈출이다.

비만은 교감신경계 활동성 증가와 불안, 신체에 대한 자신감 결여, 우울증, 남성호르몬 대사 이상과 동맥경화, 심장질환 등을 일으키는 위험 요소이다. 이런 질환들은 조직 내에서 산화적 스트레스를 줘 혈관 내피에 손상을 주기 때문에 음경으로 가는 동맥이 막혀 음경해면체 내 혈관조직에 이상을 일으키면서 발기부전을 유발한다. 운동을 피나게 하던지, 인간들이 우습게 보는 돈선생한테 한 수 배워서 먹는 것만 조절해도 밤은 해피할 껄….

때리다가 소박맞는 남편

25

아직도 손찌검하는 남편,

이제부터 매맞고는 못산다는 아내, 시대가 달라졌다. 남자들은 긴장해야 한다. 남편이 폭력을 휘두르면 두말 않고 이혼하자는 말이 나오는 지금이다. 건강심리학회지에 의하면 여대생 36.9%가 데이트 폭력을 당한 경험이 있고, 남대생 46.2%가 폭력을 가한 경험이 있다고 한다. 게다가 여성의 전화에 따르면 15.9%가 결혼 전부터 맞기 시작하다가 38.6%가 결혼 후 1년 이내에 또 맞기 시작한 것으로 조사됐다. 연애시절 폭력이 결혼 후 폭력으로 그대로 이어지거나, 잠시 폭력성을 숨기다가 결혼 한 뒤 본색을 드러내는 셈이 된다. 통계청 조사 결과, 가정폭력으로 인한 이혼이 10년 전에 비해 2배로 늘어났으며, 35.9%가 가정폭력으로 상담소를 찾는 다는 것이다. 맞고 산다는 것에 대한 수치심 때문에 감추려고 하던 여성들이 이제 더 이상 그렇게는 못 산다고 드러내놓고 문제를 풀어나가려는 것으로 보아야 한다.

최근 연예인 부부간 폭력 사태로 가정 폭력 문제에 관심이 높아지고 있다. 남의 집 가정사를 들여다보면서 중년남편들은 어떤 생각을 했을까?

"아니 맞을 짓을 했으면 맞아야지. 여자가 오죽했으면 남편이 때렸겠어?"

"아냐 요샌 세상이 요상하게 돌아가 여자들 세상이 돼 버렸어. 이럴 때일수록 납작하게 엎드려야 해. 그저 손은 안 대는 게 좋아. 여자들이 안 참겠다는 데 어쩔거야. 죽여? 살려? 나도 그전엔 손찌검을 몇 번 했었는데 요즘엔 절대로 못 하잖아. 간뎅이가 부었는지 이젠 바락바락 뎀벼드는 데 내가 당황스럽더라니까."

"말도 마. 말다툼 끝에 뺨 한대 때렸는데 글쎄 헤어지잰다. 참 나 기가 막혀서… 애들 생각은 눈꼽만치도 안 해. 어디서 그런 용기가 났는지 몰라. 나 어떻게 해."

세상이 변한 줄 모르고 남자들이 늘 하던 대로 하다가는 청천벽력 같은 일을 당하기 쉽다. 아내들이 한 대 맞는 순간 즉시 이혼을 요구하는 경우가 많아졌다. 남자들이 아직까지도 가부장적인 사고를 버리지 못하고 있는 반면, 어떤 이유에서든 폭력 남편과는 살지 않겠다는 여성들과 맞서게 되는데, 폭력에 대한 여성들의 인식이 크게 달라졌다는 뜻이다.

그런데 어떤 부부라도 살다보면 싸움은 할 수 있다. 그러나 최대한 빨리 푸는 것이 관건이다. 그 화해의 제스처를 잠자리로 생각하는 남성들이 많다. 조사에 따르면 80%의 남편이 부부싸움 후 서먹서먹해진 부부관계 회복에 섹스를 이용한다고 한다. 많은

남편들은 밤 일만 잘 하면 모든 문제가 눈 녹듯 녹아내릴 수 있다고 생각한다.

부부에게 있어 섹스는 은밀하면서도 가장 진한 애정 표현이다. 부부가 말다툼하다가 말로는 도저히 아내를 못 당하겠으니 일단 때려놓고 보는 거다. 그러나 생각 외로 사태 수습하기가 만만찮고 풀기는 풀어야 하고… 깊게 생각하는 것도 귀찮다. 남편은 그저 미안하다는 말 대신 동물적인 본능을 들이대면 아내는 내키지 않아도 받아들이게 된다. 그러나 남편과는 달리 아내들은 감정

정리가 되지 않은 상태에서 섹스를 한다는 것 자체가 곤란하고 편치 않다. 결코 기쁘지만은 않은 섹스를 허락한다는 것은, 이미 말라버렸을지도 모를 사랑의 샘에 물을 채우는 몸부림일 것이다. 안 살 생각이라면 모르지만 계속 부부로 살아갈 생각이 있다면 싫든 좋든 응해야 가정이 편안하다.

"맞고 사는 여자들은 정말 이해가 안 되지 않니? 요즘이 어떤 세상인데 맞으면서 사냐구."

"그런 소리하지 마. 우리 남편은 때리기는 하지만 얼마나 자상하다구. 뒤끝이 없는 사람이라 다시는 안 그러겠다고 싹싹 빌어. 맞기는 해도 그런 날 밤은 나를 엄청 사랑해 줘. 그러니까 여태까지 살았지 그렇지 않았으면 벌써 헤어졌어도 헤어졌겠지."

속궁합이 딱딱 맞는 부부의 폭력은 만성화되기 쉽다. 하룻밤에도 만리장성을 쌓는다는 말이 있다. 살 섞고 살면서 그 맛을 알고 나면 헤어 나오기가 쉽지 않다. 밤일이 그럴 듯 하면 경미한 폭력은 이혼까지 안 갈 수도 있다는 뜻이다. 그러나 분명한 건 여자는 꽃으로도 맞을 수 없다는 것이다. 남자의 힘은 때리라고 센 게 아니라 밤에 쓰라고 있는 것이 아닐까?

검은머리 파뿌리는 웬수?

26

작년은 쌍춘년이라고 억세게 결혼들을 해댔다. 올해쯤 결혼을 하려고 했던 커플들도 웬만하면 땡겨서 했을 것이다. 모처럼 찾아온 황금돼지해에 복이 더덕더덕 달라붙은 아기를 낳고 싶은 욕심 때문이리라. 주례선생님은 또 어떤가. 단골메뉴로 '검은머리 파뿌리 되도록'찰떡궁합으로 살라고 좋은 말씀만 하시지만 말들을 잘 듣지 않고, 살라는 대로 살기가 쉽지 않을 것 같다.

며칠 전 파비엔 구-보디망 세계미래학회 회장은 평균 수명이 120세가 되는 2070년에는 평범한 사람도 결혼을 두세 번 이상하게 될 것이며, 장수사회가 결혼 패턴과 가족제도를 바꿔 놓을 것이라고 하였다. 일단 결혼을 하면 똑같은 배우자와 80~90년을 살아야 하기 때문에 화냥끼 있는 사람이건 아니건 간에 남편이나 아내를 적어도 두서너 명 이상 갈아치우게 될 것이고, 가치관도 결혼 패턴도 송두리째 바뀌어 30세쯤 첫 번째 결혼, 40대에 두 번째 결혼, 60대에 세 번째 결혼, 80대에 네 번째 결혼으로 이어질 수 있다고 한다.

지금의 결혼 제도는 한 남자와 한 여자가 결혼해서 20~30년쯤 함께 살던 시대에 사람들에 의해 제도화 된 것이다. 너도나도 역사 이래 유례없이 오래 살면서 지루하게(?) 한 사람하고만 평생을 산다는 것은 고문(?)일 것이다. 사랑이라는 찬란한 이름 앞에 눈멀고 귀먹어 '온리 유'만을 부르짖다가 유효기간이 다하는 날, 핑크렌즈가 벗겨지면서 또 다른 사랑을 꿈꾼다. 제 짝을 놔둔 채 본능에 충실한 인간의 한눈팔기는 동서고금을 막론하고 늘 있어 왔다. 일부일처의 역사이래, 서로 속고 속이면서 끊임없이 다른 사람을 찾아 헤매는 짝짓기 경쟁, 더 많은 짝을 추구하는 남성과 더 나은 짝을 추구하는 여성, 평생을 약속한 제 짝을 둔 사람들에게 때아닌 사랑은 기쁨이며 슬픔이었다.

"아니, 국회의원들은 도대체 뭐 하는 거야? 난 결혼해서 딱 5년씩만 살게 했으면 좋겠어. 사람이 말야, 뭐 새로운 맛이 있어야 살맛이 나지. 한 사람과 몇 십 년을 살아왔는데 아직도 살아갈 날이 더 많다는 건 너무 끔찍하지 않아? 난 제일 싫은 말이 검은머리 파뿌리야."

"난 그렇게까지는 안 바래. 한 20년씩만 살면 바꿔서 살아도 된다는 법이 있었으면 좋겠어. 국회에서는 맨날 쌈질만 하지 말고 민생을 챙겨야지. 그 전 같으면 애들 낳아 키우며 잘 먹지도 못하고 뼈빠지게 일 하다보면 늙고 병들고 기운 빠져 그냥그냥 참고 살았지만 이제는 그게 아니지. 워낙 다들 건강하고 쉽게 죽어지지도 않으니 그게 문제야. 그렇다고 샛밥 좀 먹어 볼래니 안 들킨다는 보장도 없고 말이야. 앞으로는 누구라도 서너 번 결혼을 하게 된다니 기쁘긴 하지만 우린 너무 일찍 태어났단 말이야. 속상해서 원…”

이런 생각을 하는 사람이 적을수록 건강한 사회이겠으나 그렇다고 그저 한번쯤 해보는 말이라고 치부할 수도 없는 지금이다. 통계청 자료에 의하면 전체 이혼 건수 중 20년 이상 결혼생활한 사람들의 이혼은 지난 10년 동안 8.2%에서 18.7%로 증가하였고 재혼도 94.5%가 급증하였다. 살다가 싫으면 헤어질 수도 있고, 또 다른 사람을 만날 수도 있다. 이처럼 우리도 한 사람하고 만을 고집하는 제도가 무너져가고 한 발 한 발 세계 추세에 따르고 있다고 봐야 한다.

눈만 뜨면 서로 쳐다보는 부부는 행복해야 한다. 그렇다면 어떻게 살아야 할까? 오래되어 찌들고 찌그러진 양은냄비도 쇠수세미로 빡빡 닦으면 반딱반딱 윤이 난다. 요즘 나날이 발전하는 찜질방은 떨어져나간 사랑퍼즐을 끼워 맞추기 안성마춤이다. 이방 저방 돌아다니며 천태만상의 인간들 구경하고 골라 드러눕는 재미도 있지만, 오페라의 유령처럼 마스크 팩을 서로 붙여 주기도 하고 진흙까지 발라주는 재미에다 기름기 빠진 푸석푸석한 얼굴이 반들거리기까지 한다. 신혼 때 기억을 되살려 낯익은 손톱과 발톱도 깎아주고, 내친 김에 이 동네 저 동네 뒤적거려가며 파뿌리를 쏙쏙 뽑아내는 품앗이까지 한다면 따끔거리기야 하겠지만 잠은 솔솔 오고 서로의 무릅팍은 천당이 된다. 친밀감은 보너스로 따라와 얼굴이 벌개지면서 빨리 집에 오고 싶을 것이고 아름다운 밤은 카밍 쑨…

이쁜이와 똘똘이는 안녕하신가?

27

언제부터인지 모르나

이름뿐인 부부로 사는 가정이 늘고 있다. 누가 몇 % 더 잘못인지 정확히는 알 수 없으나 어찌어찌 하다보니 같은 집에서 생활한다는 것말고는 있으나 마나한 남과 같은 사람들로 살고 있는 부부들. 마음이 닫힌 채 일상의 대화마저 끊어지고 어느 것 하나 눈에 거슬리지 않는 것이 없다. 그렇게 산다는 건 서로에게 고문일 텐데 굳이 자식들 핑계로 남들의 눈초리가 겁이 나 헤어질 용기조차 상실한 채 그저 그렇게 사는 부부들이 는다는 것이다. 이름하여 위기의 부부들!

조사에 의하면 다른 방에서 자는 일이 많다거나 항상 다른 방에서 잔다는 중년이 13.7%로 10명중 1명이다. 자면서 다리가 얽히거나 살이 닿거나 뒤척거리다 차버린 이불을 덮어주면서 사랑은 그럭저럭 유지가 된다. 그러나 아예 이불을 따로 쓰거나 방을 각자 쓴다면 그럴 기회가 없을 뿐 아니라 사랑은 폐업하기

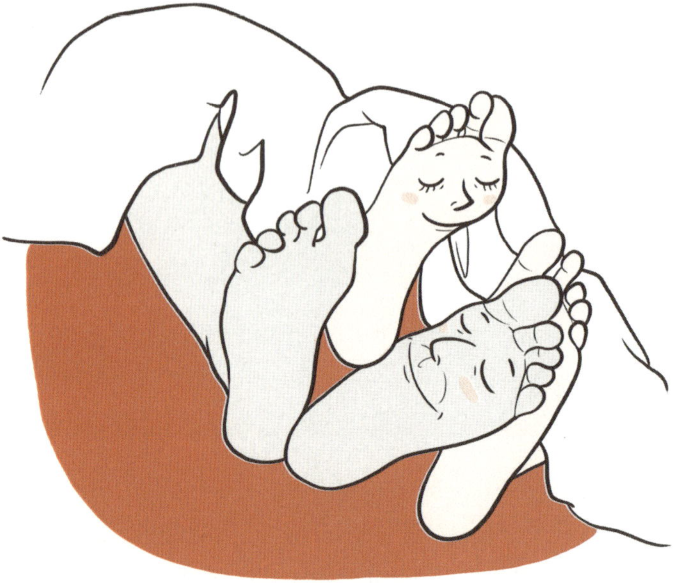

십상이다. 아웃 어브 싸이트, 아웃 어브 마인드라고 했다.

"나는 남편이 코를 너무 곯아서 잠을 못 자거든. 신혼 때는 참고 잤는데 이젠 그러기도 싫어졌고 각방 쓴 지 오래됐어. 필요할 때 아주 가끔 왔다 갔다 하는데 그것도 신통치가 않으니 번거롭고 귀찮기만 해."

"우리는 같이 자기는 자는데 꺼꾸로 자. 남편 콧바람이 너무 쎄서 나란히 못 자겠어. 그래서 내가 남편 발치에서 자는데 가끔 방구를 뀌면 꼭 내 얼굴에다 대고 쏘니 그것도 짜증 나."

"그전부터 어른들 말씀이 부부는 아무리 싸워도 꼭 한 방에서 자야 한다고 그랬잖아. 그래서 우린 쓰던 침대 버리고 방바닥에다 이불을 따로 깔고 자. 얼마나 편한데."

육체적 교통 두절, 통신이 마비된 부부 관계는 고장난 시설을 점검하여 재개통 시키려는 의지와 노력이 있어야 하는데 누구도 자존심상 먼저 요구하지 않는다. 그렇다고 부부간의 거울을 깨지도 않는 명목상의 커플들… 디스플레이용 부부, 쇼윈도용 부부, 가면부부다. 섹스는 부부관계를 다져주는 본드다. 닫힌 문은 열어야 한다.

조사에 의하면 남성 67%, 여성 73%가 성생활에서 스트레스를 받는 데, 36.9%의 남성과 51%의 여성은 성관계를 피하기 위해 컨디션이 안 좋다고 거짓말하거나 자는 척 한 적이 있고, 18.2%의 남성과 34.9%의 여성만이 하기 싫다고 솔직히 얘기한다는 것이다.

중년이 되면서 부부간의 정서적 친밀감이 떨어지는 것은 육체적 허기 등 성생활로 인한 마찰일 수 있다. 스킨십이나 섹스 같은 육체적 접촉으로 애정이 더욱 확대되고 다져지는 것이다. 부부가 적극적인 노력으로 원만한 성생활을 영위한다면 이를 통해 부부간의 친밀감은 더욱 상승될 수 있다. 특히 발기부전은 남편의 삶에만 지장을 주는 것이 아니라 아내와 가족 전체의 삶을 삭막하게 만드는 재주가 있다.

잠자리에서는 어린애들처럼 유치해질 필요가 있다. 부부는 한 지붕 한 이불 속에서 홀라당 벗고 꼭 끌어안고 잘 때가 한마음이 되면서 제일 많이 친해질 수가 있다. 되던 안 되던 벗어야 한다. '이쁜이'가 녹이 쓸었는지 '똘똘이'가 아픈 건 아닌지, 둘 다 슬퍼하고 있는 건 아닌 지, 아직도 착한 지, 그전에 그려놓았던 토끼는 아직도 안녕하신지, 수풀 속에 혹시 눈은 오지 않았는지, 그동안 왜 소식은 없었는지… '잠시 검문 있겠습니다' 하면서 거수경례 깍듯이 하고 서로를 잠시 실례해 봐야 한다. '갑자기 어색해서 어떻게 하냐고?' 그러다가 지나가는 행인이 들어오시면, 덤덤하던 사이가 갑자기 친했었던 것처럼 눈 시뻘겋게 치켜 뜨고 소유권 주장을 하면서 난리 난리치지 말고, 있을 때 잘 해야지?

낮에는 신사임당, 밤에는 마돈나라면 화답이 있어야지? 낮에는 젠틀맨 밤에는 강쇠 형님!

댁의 남편 오줌발은

28

그동안 겨울 같지 않은 날씨였으나

요즘 갑자기 겨울다운 추위가 닥쳐왔다. 겨울철 불청객은 배뇨곤란이다. 날이 춥고 땀 흘릴 기회가 적어 소변 양이 늘어나는 겨울은 중년 남성들이 한층 조심해야 할 계절이다. 찬 공기 때문에 전신이 움츠러들어 근육이 경직되고 소변이 나오는 길이 수축되어 소변을 막게 된다. 이때 매우 민감한 부분이 방광과 전립선이다. 전립선 비대로 인한 요폐(방광에 오줌이 괴어 있지만 배뇨하지 못하는 상태)는 방광이 부풀게 되고 끔찍한 통증을 느끼며, 소변이 역류하여 신장에 해독을 끼칠 수도 있다. 전립선은 보통 40대 이후 명확하게 이상 증상을 나타내지만 운동량이 적은 30대에서도 문제가 생기는 예가 적지 않다. 오줌발이 약하면 대개는 소변 양도 적은데 소변을 자주 보게 되거나 참지를 못한다. 오줌은 마려워 죽겠는데 아랫배에 힘을 줘도 좀처럼 나오지 않아 한창 낑낑거리고 나면 겨우 졸졸 나오다 똑똑 떨어져 바지까지 적시기도 한다. 이것이 끝이 아니고, 뒤돌아서면 또 다시 오줌이 마려워 화장실에 가면 또 그 타령이다.

청년기의 정력이 왕성할 때는 소변이 힘차게 직선으로 뻗으며 화장실 변기의 나프탈렌이 뱅글뱅글 돌아가지만 중년이 되면서 직사포가 곡사포로 변하며 힘이 떨어진다. 어릴 때 사내아이들은 한번쯤은 '누가 오줌이 멀리 싸나' 내기를 장난처럼 해보며 가장 멀리 나간 친구를 부러워하기도 하는데 오줌 누기는 젊으나 늙으나 남성들의 중요한 관심사다. 오줌줄기가 시원치 않은 남성은 부부관계에서도 원하는 타이밍에 후련하게 사정을 하지 못하고 조루나 지루에 시달리기 쉽다. 서양에서는 임산부의 소변에 사포닌을 주입하여 성호르몬인 스테로이드를 추출하였고, 동의보감에서도 소변에서 성호르몬 결정체를 추출해내어 정력제로 사용해오는 등 소변은 성 기능과 밀접한 관련이 있다.

"우리 남편은 자다가 몇 번씩 깨나 몰라. 오줌 누러 일어날 때마다 침대가 흔들리니 나도 잠을 같이 깨게 돼서 짜증나지. 아마 서너 번은 일어나는 거 같애. 그런데 소변볼 때 꼭 소리나는 방구를 뀌는 거야. 얼마나 듣기 싫다구. 그래서 왜 그러냐구 물었더니 오줌이 잘 안 나와서 힘을 줘서 그렇다는 거야. 오줌 잘 누는 것도 복이라니까."

"오줌 줄기가 가늘어진지 오래됐어. 공중화장실에 가면 변기에 딱 달라붙어서 누게 돼. 옆 사람이 보면 챙피하잖아. 누고 나도 개운치가 않고 가끔 팬티에 묻히기도 하는데 젊었을 때와는 영판 다르지. 소리부터 다른데 뭐. 그런데 그게 밤일에도 지장이 있는 거 같애. 어떤 때는 사정을 하려고 애를 쓰는데도 그게 안되더라구. 그걸 확 쏟아내야 기분이 좋은데 그걸 맘대로 못하니 정말 찜찜하고 한심하지. 아내가 눈치챌까봐도 걱정이고. 그저 속아넘어가 주길 바라는 거지."

중년 남성들의 겨울은 오줌발에 힘 써야 한다. 갑자기 차가운 곳에 나가지 않는 것이 상책이며, 따듯한 물로 목욕을 자주 하는 것이 좋다. 남성의 요도 깊숙하게 자리한 '성의 장기'인 전립선! 오랜 세월 소변 속의 노폐물에 씻기고 각종 임균이나 염증, 세균 등에 침해되면서 전립선은 마침내 지쳐버렸다. 언제부턴가 비대해진 전립선이 요도를 조이면서 오줌이나 정액사정을 방해한다.

전립선의 치료가 쉽지 않은 것은 항생제를 투여해도 조직 특성상 약물이 잘 침투되지 못한다는 데 있다. 요도를 통해 약물을 투입하는 요도세척법은 삼투압 원리에 의해 전립선 조직의 세포 안으로 약물이 쉽게 침투할 수 있어 활기찬 남성을 되찾고 있다.

아무리 비싸고 성능 좋은 자동차도 3분 세차에 겉만 번드르하게 물만 바르지 말고 가끔은 500원짜리 동전 넣고 꼼꼼히 하는 내부세차까지 닦고 조이고 기름쳐야 오래 탄다. 오래 쓴 물건도 닦으면 멀끔하고 고장난 물건도 고쳐 써야 맛이지 그냥 놔뒀다가는 영영 쓸모가 없어진다. 질질질 새는 하수구는 뚫어야 제 맛?

아련하고 아쉬운(?) 오팔팔!

29

서울의 대표적 성 매매 집결지 중 하나인 속칭 청량리 오팔팔이 철거된다고 한다. 수많은 남성들의 찜찜한 비밀이 숨어있는 핑크빛 형광등 불빛 아래 섹시한 아가씨들과 청량리 588이 역사 속으로 사라진다니 중년남성들 중 더러는 지난 과거를 되돌아보면서 막연한 아쉬움이 있지 않을까?

"그 때는 정말 멋모르고 갔었지. 술김에 선배가 좋은 데 가자며 끌고 가는 바람에 얼결에 가긴 갔었지만 지금 생각해보면 참… 좁아터진 방에서 떨리는 기분에 제대로 해 보지도 못하고 나올 때는 얼마나 찜찜했는지 몰라."

"누가 아니래. 군대 가기 전날 친구들이랑 술 마시다가 위로해준답시고 우르르 갔었지. 그 땐 해 봤다고 으쓱해하는 애들이 부러웠었거든. '에라 모르겠다. 나도 한 번 해 보자' 하면서 객기를 부렸지. 대단한 훈장이나 되는 줄 알고…"

성 매매 알선업자와 성 구매 남성에 대한 처벌조항이 강화된

성매매 특별법이 2004년 9월에 발효되었다. 성 구매자에게는 형사입건을 원칙으로 하고 성 매매를 뿌리뽑겠다는 의지가 강한 법이었고, 여성부 조사에서도 남성 10명 가운데 9명은 '성 매매가 잘못되었다'라고 말하고 있어 경찰의 단속이나 처벌을 떠나서 우리 사회의 잘못된 성 의식을 바꾸는 시발점이 될 것으로 기대되었었다.

그러나 순진한 시민들의 기대는 어김없이 빗나가고 일부 남성들이 성을 사는 버르장머리는 여전했다. 의식이나 습관은 생각만큼 쉽게 바뀌어지는 것이 아닌 것 같다. 한국형사정책연구팀 조사에 의하면 성 매매특별법 발효 이후에도 남성 5명 중 1명 꼴로 성 구매 경험이 있으며(21.3%), 한국 성인남성 중 58.5%는 일생 동안 최소 1번 이상 성 구매 경험이 있고, 남성이 평생 동안 성을 구매한

총 횟수는 14.6회, 처음 성을 산 평균 연령은 22.1세, 성 구매 비용은 48.4%는 본인이 부담했지만 41.7%는 동료나 선배 등 다른 사람이 대신 내 줘가며 '우리가 남이가'라는 동류 의식을 다진 것으로 나타났다. 서로 '너가 한 짓을 내가 알고 있다'고 낄낄거리면서 여성들에게서는 절대로 볼 수 없는 눈물겨운 혈맹인 것이다.

그런데 요즘은 풍선효과라고 하던가? 집창촌을 단속하니 노래방에서부터 주택가까지 스며들고 피시방, 전화방, 룸싸롱, 단란주점, 모텔, 안마시술소, DVD방, 비디오방, 콜라텍… 등등 쌔고 쌘 게 그런 곳이라 맘만 먹으면 무슨 짓도 가능한 남성들의 천국이 돼 버렸다. 일부일처제 제도 하에서 몸이 시키는 대로 다 하고 살수는 없지만 본능을 움켜쥔 채 유혹의 바다에 빠지지 않고 까치발로 집까지 곧장 가는 남편은 나라를 맡겨도 될 만큼 심지가 굳고 대단한 분들임에 틀림없다.

성매매를 하는 남성들이나, 하고는 싶지만 실행에 옮기지 못하는 남성들이 성을 사려는 이유는 '섹스를 하기 위해서'라는 뻔한 거 이외에 사람마다 원하는 게 다를 수 있다. 어떻게 하면 이 땅에 남편들이 밖으로 빙빙 돌지 않게 할 수 있을까? 원래 남자들이란 그럴 수밖에 없는 유별난 유전자구조를 갖고 태어났기 때문에 '그러려니' 하면서 기다려줘야 하는 걸까? 요즘 남성들이 가장 선호하는 성매매 장소가 안마시술소라고 하는데, 도대체 그곳에는 특별한 무엇이 있을까? 부부의 문제를 아내의 탓으로만 돌리고 밖에서 해결하려는 수준 낮은 남편들도 할 말은 많을 것이나 아내들도 한번쯤은 곱씹어볼 일이다. 밤일에 모든 책임을 남편에게 뒤집어씌우지는 않았는지, 이유 없이 거절하지는 않았는지, 꼭 남편만 힘쓰라고 정상위만 고집하는지, 열심히 하고 있는데 딴전을 피우지는 않았는지, 남편의 거시기 애무를 거절하지는 않았는지, '샤워해라 이 닦아라' 너무 깔끔을 떨지는 않았는지, 매일 후줄근하고 편한 옷만 입고 있지는 않았는지, 최선(?)을 다하는데 들뜨는 소리는커녕 신음 소리 한 번 내주지 않았는지, '제대로 좀 하라'거나 '벌써 끝났냐'고 핀잔을 주지는 않았는지, 하고 나서 '당신이 최고'라고 추켜 주는 걸 잊어버리지는 않았는지…

나가면 왕이요, 대장이요, 하늘인 것을, 집에서 머슴노릇만 하라고 하시니 숙제 안 한 아이가 학교 가기 싫듯이 친절한 여자 찾아 헤매는 남편을 마님은 미니스커트로 감싸야 하지 않을까?

사랑한다면 이들처럼

30

로미오와 줄리엣의 무대인

이탈리아 북부 만토바에서 애절함이 생생하게 느껴지는 남녀의 유골이 발견되었다. 만토바는 베로나의 명문가 아들 로미오가 사랑을 방해하는 줄리엣의 사촌 티볼트를 결투 끝에 죽인 뒤 도피한 곳이다. 이곳에서 오매불망 줄리엣을 그리던 로미오는 동화책을 너무 많이 본 탓인지 죽은 뒤 줄리엣의 키스로 되살아나는 꿈까지 꾼다.

5,000년이 넘었다고는 하지만 이 유골들은 서로 얼굴이 닿을 듯 마주 보고 떨어지지 않으려는 듯 팔은 상대방을 꼭 껴안은 채 팔다리가 얽혀 있다. 청춘남녀의 간절한 사랑, 죽음도 갈라놓지 못한 사랑일까, 억울한 생매장의 흔적일까? 삶의 끝자락에서도 서로의 눈을 들여다보며 미소짓고 있었을 것 같은 매장 당시 사연에 대한 궁금증을 자아낸다. 서로 사랑하는 사이였음은 분명한 것 같은데 도대체 왜 죽었을까? '발다로의 연인'이라 명명된

이 유골의 독특한 포옹 자세를 학자들은 오히려 비극적으로 보고 있는데 이는 남성의 척추에서는 화살이 발견되었고 여성의 옆에서는 화살촉이 나왔다. 남성이 사망하자 영혼의 동반자 역할을 위해 여성을 희생시켰을 가능성, 자살을 택할 수밖에 없었던 불운한 사랑 등 다양한 추측이 나오고 있다.

이 이야기는 로미오와 줄리엣과 오버랩 되면서 죽어도 좋을 만큼 진짜 사랑을 일깨워줬다. 나른하고 밍밍한 나날을 그저 그렇게 보내고 있는 중년들에게는 신선한 충격으로 다가올 것이다. 시끄러운 발렌타인데이가 지나가면 뭘 하고, 초콜릿 장사가 떼돈을 벌면 뭐하랴. 초콜릿은 애들 어렸을 적에 군것질 거리로 사서 곁다리로 조금 얻어먹던 거 말고는 어른 먹자고 사본 적이 별로 없다. 그건 이솝우화의 '여우와 신포도'나 마찬가지로 그까짓 초콜릿 먹어봐야 너무 달고 이빨만 썩지…하며 애써 신경 안 쓰는 척하지만 그날 저녁 아내로부터 아무 것도 건네받지 못한 남편은 가슴 한 켠이 써늘하다. 친밀감을 못 느끼는 빈껍데기 아내인지라 그러려니 머리로는 이해를 하지만 가슴에 아린 흔적을 남긴다.

중년들도 아주 오랜 옛날에 열정적인 사랑을 한 적이 있었다. 만나면 헤어지기 싫고, 애틋하고 다정해서 닭살이라는 놀림을 받아도 싫지 않았고 즐겼던 적도 있었다. 이 세상은 온통 아름다웠고 사랑이 넘쳤으며 우주는 자기를 중심으로 돌아간다고 착각할 정도로 살아봄직한 세상이었다. 그러나 지금, '아무 이유 없이' 그냥(?) 지낸 나날들을 생각해본다. 밤에도 그저 오누이처럼 자지는 않았는지, 빨개 벗고 살을 대 본 적이 있는지, 서로를 기쁘게 해

주려고 노력은 해 봤는지, 짜증은 얼마나 냈는지…

"노력? 아무 생각 없이 잠만 퍼 자지 뭐. 툭하면 피곤하다고나 하고 짜증이나 내고. 나도 그렇게 밝히는 여자는 아닌데 그래도 우리 남편은 너무 하는 거 같애. 뭐 재미가 있어야 살지. 그러니 내가 초콜릿을 주고 싶겠어?"

"나도 초콜릿 주고 싶은 맘은 없어. 뭐 이쁜 짓을 해야 주지. 우리 남편은 잠자리는 하고 싶어하는데 안 되는 걸 뭐. 딱하기는 하지만 나한테 이렇게 해달라 저렇게 해라 보채는데 정말 싫어. 나야 매일이라도 하고 싶은데 그게 해결이 안 되니 사는 재미가 없어. 이태리에서 발견되었다는 유골말야. 걔네들 정말 부럽더라. 우리는 살이 닿을까봐 둘 다 침대 끝에서 자니까 가운데는 뻥 비어있어. 다리를 얹어본 게 언젠지, 팔 베게 해본 게 언젠 지도 몰라."

이게 부러워만 해서 될 일인가. 유골은 유골일 뿐. 개똥밭에 뒹굴어도 이승이 낫다. 점잖은 잠옷은 벗어 던지고 맨살표 잠옷으로 들이대야 한다. 거시기를 하면 좋지만 못해도 몸에 좋은 호르몬은 분비되며 훨씬 가까워진다. 다리를 얹어보고 사이에 끼워보고 팔과 팔을 포개 껴안아 보는 거다. 어차피 앞으로 50년은 더 같이 살아야 할 부부들 아닌가! 지루하긴 해도 어쩌겠는가. 낙담만 하지 말고 고쳐가며 살아야 한다. 요즘 자동차 성능을 향상시키고 디자인을 바꾸는 자동차 튜닝이 유행이다. 마티즈도 튜닝하면 포르셰가 될 수 있을 껄…

젠틀한 돼지가 주는 메세지

31

새해의 연운(年運)은

그 해 수호동물이라 할 수 있는 12지 동물의 성격과 행태와 많이 닮았다고 생각한다. 양띠 해는 양을 닮아 평화롭고, 말띠 해는 말을 닮아 활기차다고 한다. 우리는 '띠'를 가지고 태어나 어른들로부터 그 동물의 좋은 덕성과 의미를 들으면서 자라 자신을 동일시하여 행동하려고 했다.

올해는 돼지해다. 돼지해에 우리는 뭘 기대하는 걸까? 우리가 아는 돼지는 그저 '더럽고 많이 먹는다'는 오해만 할 뿐, 보기보다 젠틀한 돼지는 억울할 것이다. 새끼 돼지가 여러 개의 어미 젖꼭지 중 자기에게 할당된 어미젖 말고는 넘보지 않는다는 것. 자기 것을 정확하게 알고 형제들 것을 넘보지 않으며, 어미는 새끼들 모두가 젖을 물었다는 것을 확인한 다음에야 젖을 흘러내 보내는 습성이 있다고 한다. 이게 돼지다.

그런데 IQ가 높다는 인간들은 어떤가? 내 것인지 남의 것인

지 다 알면서 남의 것을 탐한다. 기혼여성의 절반 가량(49.4%)이 현새 외도를 하고 있거나 과거에 외도를 한 적이 있다는 충격적인 조사가 나왔다. '배우자를 두고 외도를 해본 적이 있는가?'라는 질문에 '현재 하고 있다 26.3%, 과거에 한 적은 있지만 현재는 안하고 있다 23.1%, 하고 싶지만 실제로 한 적은 없다 38.9%, 전혀 하고 싶지 않다'고 답한 여성은 9.1%에 그쳤다. 한번쯤은 결혼식장에서 맹세한 서약의 사슬에서 벗어나 즐기고 싶은 건 인지상정인 것 같다. 같은 사과라도 몰래 먹는 사과가 더 맛있다는데 몰래 하는 사랑 놀음은 얼마나 더 짜릿할까? 오랜만에 가슴 떨리는 사랑을 해보고 싶다는 것이다. 미팅이던 부킹이던 번개팅이던 상관없이.

이것은 남성들도 마찬가지다. 누구나 자기가 하고 싶은 대로 다 하고 살수는 없다. 그러나 남자들은 본능에 충실하겠다고 내놓고 바람을 피는 경우도 있다. 그저 치마만 둘렀으면 다 들이대보는 남자도 꽤 되는데 하루에도 수억 마리씩 생산해내는 정자를 주체할 수가 없고, 아무리 힘주어 수억 마리를 질 속에 퍼부어도 자신을 닮은 아기를 이 세상에 태어나게 하기란 넘어야 할 산이 많다. 조사에 의하면 기혼남성 88.5%가 배우자 외의 여성과 섹스를 하고 싶고, 78.0%가 실제로 배우자 이외의 여성과 섹스를 했다고 하였다.

그렇다면 평생에 난자 400개만 소수정예로 만들어내는 여성은 자신과 아기가 안전하게 살게 해 줄 능력 있는 남성을 고르는 재주만 있으면 되는데 왜 바람이 피고 싶을까? 정답은 아이를 낳고자 하는 종족보존과는 상관없는 섹스를 하고 싶은 것이다. 바로 사랑의 섹스, 관계의 섹스, 쾌락의 섹스로 보충하고 싶은 것이다. 여성들의 외도충동은 남편이 미울 때, 남편보다 성적 매력이나 재력이 훨씬 나은 남자를 만났을 때, 적극적인 유혹을 받았을 때 새참(?)을 먹고 싶다는 것이다.

"내가 돈을 안 벌어다 줬어? 밥을 굶겨? 뭐가 불만이야? 밖에 나가 돈 벌기가 쉬운 줄 알아? 내가 버는 돈의 3분의 2는 모욕의 댓가야. 알기나 해?"

"아니, 요새 누가 밥 못 먹구 사는 사람 있어? 난 럭셔리하고 엘레강스하고 환타스틱하게 살고 싶단 말이야. 이젠 무수리는 지긋지긋하고 공주로 살고 싶다는 거지."

농경사회 때 태어난 중년남성들이 산업사회를 거쳐 정보화사회에 내던져졌다. 시대가 바뀌면 눈치껏 따라 바뀌어줘야 하는 기득권자 남성들은 꿈쩍을 안 하고 억눌렸던 여성들은 발빠르게 변화하는 세상을 쌍수를 들고 반긴다. 어쩌겠는가? 잡아다 놓은 물고기(?)에 밥도 주고 사랑도 주고 때로는 재롱도 떨어야 하지 않을까? 남자들은 기가 찰 노릇이고 어처구니가 없겠지만 뜨거운 감자는 잘 다뤄줘야 한다.

아내나 남편이나 살아내기 힘든 세상! 그렇다고 자기의 이드(id)대로 리비도(libido)만 추구한다면 부부사이 금가는 건 시간 문제다. 남의 떡이 더 큰 거 같아 작은 눈 크게 뜨고 짧은 목 길게 늘여 휘둘러 바람도 쏘여보지만 정신을 차렸을 땐 씁쓰레한 상처뿐, 이게 다 일부일처제에서 오는 비극이 아닌가. 돼지해에 돼지들에게서 한 수 배워보자. 원초적 욕망대로 산다는 건 돼지만도 못한 짐승이다. 무엇이든지 있어야 할 곳에 있어주는 게 자연스럽다. 내 것이 아닌 걸 탐하면서 돼지만도 못한 인간이 되면 뭐하랴. 남의 거에 관심 끄고 제발 내 꺼에 채널 고정! 자기가 먼저 바뀌고 자기 스스로 매력덩어리가 돼 보면 모든 건 달라지게 될 걸…

명절에는 예방주사가 약

32

살아가기 팍팍한 세상에서

명절은 우리 삶의 '뿌리'를 찾게 하는 소중한 시간이다. 반가운 혈육들을 한자리에서 만날 수 있다는 건 큰 축복이다. 그러니 다 큰 어른들이 설레기까지 하는 마음으로 막히는 차 속에서 몇 시간씩의 괴로움과 수고스러움도 마다 않고 귀향 길에 나선다. 새삼 한국적 가치를 재발견하게 되는 순간이다.

하지만 명절의 이러한 미덕에도 불구하고, 오히려 서로간 갈등이 증폭되어 돌이킬 수 없는 골이 생기는 경우도 적지 않다. 설날이 즐겁고 유쾌하지만은 않은 사람들이 있으니 이름하여 이 땅에 며느리들! 일단 시댁에 가면 위 아랫사람 눈치봐야 하니 싫고, 일 꺼리는 많은데 밤 까는 거 이외에는 판판이 노는 남자들이 얄밉고, 모든 거 다 여자들 몫이니 더 싫고, 잘 알지도 못하는 남편 조상을 위해 차례 상을 차려야 한다는 사실도 짜증나서 시누이만 하고 싶어진다. 가기도 싫었지만 어서 빨리 시댁을 벗어나

친정에서 귀한 딸이 되고 싶을 뿐이다.

설 연휴가 끝나자마자 이혼 건수가 3배나 늘었다는데, 명절 뒤에는 으레 그렇다고 한다. 시댁식구와의 껄끄러운 감정들과 남편에 대한 서운함이 쌓여 설을 계기로 이혼을 결심하기 쉽다. 고구마 줄기처럼 얽히고 설킨 우리나라 가족관계에서 명절은 부부간의 갈등이 크든 작든 있을 수 있다. 명절은 남편집안중심의 행사다 보니 아내들이 불만을 표출하게 되고, 해마다 다가오는 명절은 매년 불평불만의 씨앗을 품고 되풀이되면서 급기야는 남편들까지도 명절스트레스를 겪는다. 괜히 불안초조하고, 가슴이 답답하고 소화도 잘 안 되며 심하면 우울증과 수면장애, 불안장애 등의 증상도 나타날 수 있다. 이 때 평소 묵혀왔던 불씨까지 배태되면 에스컬레이터 되어 이혼까지 가기 십상이다. 명절 이혼에 이르는 부부들은 감정의 골이 깊고 곪을 대로 곪아 있다가 '울고 싶은데 누군가 때려준 격'이라 이 참에 결심을 굳히기 쉽고, 화해가 잘 되지 않는다.

시어머니 눈에 꽉 차지 않은 며느리와 늘 가까이 하기 싫은 며느리, 무던한 큰며느리와 살랑거리는 작은 며느리, 어쩌다 운 좋게 시댁에 안 간 시누이와 올케, 돈벌이가 시원찮은 형과 잘 나가는 아우간은 입장이 다른 지라 역지사지가 쉽지 않고 어쩔 수 없는 기찻길을 가고 있는 것 같다.

"명절이 아예 없었으면 좋겠어요. 본가에 가기 전부터 쫑알대기 시작하는데 부모님 때문에 억지로 참고 있으면 아내는 길길이 뛰면서 난리를 피는데 가관이죠. 그래도 모든 거 양보하고 얼르고 달래서 겨우 같이 가지만 살얼음판 걷는 기분이지요. 스트레스 엄청 받아요."

"뭐니뭐니 해도 제일 얄미운 건 남편이야. 내가 고생하는 걸 알아줄 사람이 남편밖에 더 있어? 그런데 시댁에 가면 아예 모르는 척 하면서 돌변하더라구. 어른 들 눈치 보느라 그러는 거 같은데 그래두 그렇지. 내가 누구 땜에 시댁에 가서 땀 빼가며 일하는데…"

그렇다. 아내는 남편이 다다. 남편에 딸린 가족들은 그 다음이다. 명절이 다가오면 남편은 슬기로워야 한다. 미리미리 아내를 기쁘게 해 주고 살갑게 대해줘야 한다. 모든 네비게이션 목적지는 아내로 통해야 한다. 거기에 밤일은 선택이 아니라 예방주사차원으로 필수다. 늘 하던 대로하는 것이 아니라 온몸에 침 발라가며 애무를 해드리고, 최고의 찬사와 함께 왕비마마가 흡족해 할 때까지 해드리는 거다. 본론 들어가기 전에 맘먹고 목욕을 같이 하자며 엄마가 아기를 씻겨주듯이 목욕관리사(일명 때밀이)가 돼 비누칠을 해 드리는 것도 좋을 것이다. 며칠 있으면 시댁에 가서 무수리로 강등될 것이 뻔하니까. 이 정도 되면 아내들은 남편의 자상함에 감동할 것이고 기쁜 나머지 불구덩이에 섶을 지고 들어가래도 들어갈 것이기 때문이다. 친가에 가서도 오며가며 윙크도 해드리고, 주방주변에서 서성이다가 슬쩍 엉덩이도 툭 쳐주신다면 선수는 땀을 자배기로 흘릴지언정 전반전 후반전을 선수교체 없이 풀타임으로 뛸 것이다. 집에 돌아 온 후에도 머슴은 계속 장작을 패면서 배꼽 아래가 착하면 시댁에 자꾸 가자고 하지 않을까?

화이트데이는 요란하게

33

매년 3월 14일,

남성이 좋아하는 여성에게 사탕을 선물하며 자신의 마음을 고백하는 날! 중년들은 농경시회에 데이니 배고프디기 산업사회에 들어서서 먹고 살만 하니 좀 살 것 같았는데 갑자기 정보화사회로 내 던져지면서 살아내기 힘들고 내 쫓기고 밀려나는 것 같아 서글프다. 해가 바뀌고 달력이 두세 장 넘어가도 당최 재미있고 신나는 일이 없다. 나라에서 기념하고 싶은 국경일은 퇴색되어가고 태극기 달랑 하나 거는 것도 귀찮아하고 왜 쉬는지조차 모르고 지나간다. 그러나 젊은이들은 그들만의 잔치로 국경일보다 더 요란한 날을 만들어 사랑을 확인하고 있다.

살다보면 때로는 남들이 사는 거 컨닝도 하고, 벤치마킹 할 필요가 있다. 중년의 사랑은 서로가 서로를 점검할 필요가 있다. 얼마 전 신문광고를 보니 만나서 교양강좌도 듣고 맛난 거 먹으면서 친목을 도모하자는 잘 나신 분들만의 잔치에 자격조건은

60세 이상이나 '정신연령 40미만인 자'를 특별 우대한다고 해 신선함을 느꼈다. 젊게 산다는 건 좋은 일일 것이다. 요즘 오래된 부부들이 앙코르 결혼식을 하면서 어떻게든 '신혼의 꿀맛을 다시 한번 맛 볼까나'하는 사람들이 늘고 있다고 한다. 리마인드 웨딩(remind wedding)은 색다른 이벤트로 부부애를 다지기 위한 세레모니로, 초심으로 돌아가서 늘 처음처럼 살고 싶은 간절함의 발로일 것이다.

"그전에는 내가 뭐라고 한 마디 하면 찍 소리도 못하더니 이젠 얼마나 왁왁 거리는지 내가 못 당하겠단 말야. 그래도 딴 생각

안 하고 잘 살아주니 고맙지 뭐. 요즘 바람 피는 여자들이 어디 한 둘이야? 어떻게든 잘해줘야지 안 그랬다간 어떻게 될 지도 몰라."

사랑의 적(敵)은 시간이다. 중년부부들은 애정을 유지하고 보수하는 것이 꼭 필요하다. 사랑의 호르몬 분비는 1년이 지나면 급격히 줄어든다고 한다. 시간이 흐를수록 사랑은 약해지고 위기가 닥쳐온다. 손에 물 한방울 안 묻히게 해준다며 속삭이던 황당무계한 약속은 부도어음이 되어버리고, 습관적인 섹스는 하품을 동반한다. 늘 똑같은 테크닉이 아닌 어떤 변화를 위해 적극성을 보여야 한다. 변해버린 남편에게 짜증을 내고, 그 때의 약속을 지키라며 바락바락 악을 쓰는 아내, 쉽게 거친 말을 쏟아내는 아내의 입을 틀어막는 건 선물이나 현찰이라고 생각하기 쉽다. 그러나 아내입장은 정말 그건 아니다. 가끔 드라마에서 연인들이 집 앞의 놀이터에 있는 그네에 앉아 이야기하는 장면이 나온다. 나이 마흔을 훌쩍 넘긴 연인들처럼, 늦은 밤 집에 그냥 들어오기 좀 거시기 할 때, 아내를 불러내어 막대 사탕 추파춥스를 건네주면서 그네에 앉히고 남편이 밀어준다면 조금은 닭살스럽고 유치하지만, 그 날 저녁은 아주 달콤하고 행복할 것이다. 가진 게 없다고 시들어 가는 사랑에 아무 짓도 하지 않고 그저 가슴 아파하는 남편들은 '내가 사랑을 지키기에 너무 게으른 것은 아닐까? 돈이 없으면 몸과 마음으로라도 이벤트를 해줘야 하지 않을까'라며 뒤돌아볼 일이다.

아내에게 애정을 표시하고 싶은데, 안 하던 짓을 하려니 쌩뚱

맞은 것 같고 쑥스러워 용기를 못 낼 때 젊은이들만의 잔치, 화이트 데이를 핑계삼아 슬쩍 달콤해지면 어떨까? 아내와 스킨십을 하면서 사랑하는 마음을 온몸으로 표현한다면 사랑은 두 배가되고 기쁨은 네 배가 될 것이다. 사탕을 먹으면서 설왕설래한다면 좋을 것이고 온 몸에 사탕을 발라가며 하나가 된다면 더 좋을 것이다. 봄도 됐는데 모처럼 소싯적에 가봤던 그 추억 속으로 복습하는 것도 참 좋은 방법일 것이다. 추억을 말하는 것보다는 추억을 만들어 가는 게 훨씬 더 해피하니까. 사소한 이벤트라도 남발하다보면 아내는 '시집 참 잘 왔구나'하며 입이 저절로 벌어질 것이다. 거창하게 리마인드 웨딩까지는 아니더라도 막대사탕 하나씩 빨면서 팔짱 꼭 끼고 웬수처럼 살아가는 부부들의 염장을 지르러 나가 볼까나? 사탕보다 더 달콤한 화이트데이 만세!

아내들의 반란

34

'산 너머 남촌에는 누가 살길래,

해마다 봄바람이 남으로 오네.' 노랫말처럼 세상이 어수선해도 어느 한 해 봄이 오지 않은 적은 없었다. 봄이 되면 자신도 모르게 몸의 기운이 서서히 피어오르는 것은 인체는 습도와 온도가 동시에 올라가 말초혈관이 확장되고 피의 흐름이 활발해지기 때문이다. 아무리 게으름을 부려도 스멀스멀 몸 속을 흘러 다니는 봄기운을 떨쳐버릴 수가 없고, 일년 어느 때보다도 배꼽 아래에 밀려드는 새로운 기운이 힘있게 느껴지는 시기다.

여성들 가운데는 유독 봄을 타는 이들이 많다. 봄만 되면 감정을 주체하지 못하고 사고를 치게 되는 경우도 있다. 봄은 일조량이 많아져 감정 표현과 연관 있는 멜라토닌 호르몬 분비가 많아 기분이 들뜨게 되고, 양기가 많아지므로 겨우내 움츠러들었던 음의 기운이 많은 여자들이 보다 민감하다. 그래서 꽃피는 봄만 되면 마음속에 간직했던 님을 생각하고, 있지도 않은 님을 기다리는 대책 안 서는 여성들도 있다. 이를 틈탄 늑대들의 집중 공세가 이어지고 중년의 아내 가슴도 한껏 부풀어 있는데 뭘 모르는 남편이 잠만 퍼 자려 한다면 부부갈등은 뻔하다.

“내가 생각이 있어서 슬그머니 만졌더니 왜 이러냐며 팍 돌아눕는데 찬바람이 쌩 부는 거야. 그날 따라 정말 땡기는 거야. 그래서 자존심 팍 죽여가며 잡아끌었더니 신경질을 부리며 그렇게 하고 싶으면 딴 데 가서 하라는 거야. 자기 신경 안 쓸 테니까. 그게 말이 되냐구. 그런 말은 여자들이 남편한테나 하는 말 아니야?”

“여자들은 우리가 밖에 나가서 얼마나 신경 쓸 일이 많고 스트레스를 받는 지 잘 모른다구. 집에 오면 그저 쉬고 싶고 아무 생각이 없거든. 그런데 자꾸 보채면 짜증이 나지. 그래도 한 달에 두어 번은 해 줘야 밥이래두 얻어먹을 거 같아 하긴 하는데 그눔이 협조를 안 해줄 때는 정말 진땀나지. 하기 전에도 ‘잘 안 되면 어떻게 하나, 아내가 기뻐하지 않으면 어떻게 하나’ 하면서 겁이 날 때도 있어. 잘 되면 좋지만 실패할 때는 서로 김만 새고 정말 남자체면 안 서는 거지. 다음날 아침, 마누라 얼굴 보기 민망해서 밥 생각 없다고 하면서 일찍 출근해버릴 때도 있어.”

중세시대에 아름다운 수상도시 베니스에서는 사순절 전의 며칠 낮, 며칠 밤 동안 계속되는 축제가 열렸다. 서로 알아 볼 수 없게 가면과 가발을 썼으며 짙은 화장을 한 남녀가 억제 할 수 없는 정욕의 기쁨 속에 깊이 빠져들었는데, 노출되지 않는 신분 속에 노출되는 성적 욕망으로 잘 포장된 사육제는 끊임없이 타오르는 욕망을 태울 수 있는 시간들이었다. 지금도 지구상에서 가장 화려하고 아름다운 베네치아 카니발이 매년 3월초에 열린다.

인간은 먹고 즐길 수 있으며 느끼고 행동할 수 있는 자유는 있지만 그에 걸 맞는 제약들이 따른다. 그런 제약과 규범 속에 살면서 잠시라도 벗어나 뜻밖의 행동들을 하는 위험한 중년들이 있다. 살면서 누구나 육체적 자유를 갈망하는 유혹에 빠져들 기회가 가끔은 있을 수 있다. 그런 때에 부부사이가 튼실하다면 선악과에 선뜻 손이 가지는 않는다. 그러나 사회가 급변한다고는 하지만 남성다움을 스스로 포기한 정력이 딸리시는 남편이 '딴 데 가서 알아보라는 둥, 그것만 밝힌다는 둥 피곤한데 제발 건드리지 좀 말라는 둥' 아내를 흡족하게 해주지는 못할망정 졸지에 창녀 비슷한 처지로 전락시키는 순간 오기가 발동하면서 어떤 일을 저지를지 모르는 따끈한 감자가 될 수 있다. 민법 제840조 제3호의 이혼사유인 '배우자로부터 심히 부당한 대우를 받았을 때'라고 들이댄다면 아무리 바깥일이 험하고 힘들어도 호미로 막을 일을 포크레인으로도 막을 수 없는 일이 생길 지도 모른다.

어디 누구 없소…? 정신연령 십 팔 세에 봄 타는 여자 여기 있소. 내 남편 같지 않은 누구라도 좋소…남편들은 아시는가? 살랑거리는 봄날에 결혼 한 지 오래된 아내들의 피도 여전히 뜨겁고 설렌다는 걸…

딸딸이가 좋다구?

35

거의 대부분의 남성들은 자위행위를 한다. 자위행위는 흔히 청소년시기에만 하는 줄 알고 있는 사람들이 꽤 있으나 의외로 많은 남편들이 부부관계 여부와 상관없이 하고 있다. 조사에 의하면 '남편의 자위행위를 보았다'는 응답이 56%, '하는 것을 보지는 못했지만 하는 것 같다'는 응답이 36%, '본 적도 없고 하지도 않는다'고 믿는 여성은 8%에 불과했다.

실제로 기혼남성의 47.4%는 아내를 두고도 계속 자위행위를 하고 있고 나이가 많아질수록 자위행위 비율은 낮아지는 것으로 나타났다. 그러나 최근 미국 매사추세츠 대규모 연구에서 남성은 40대부터 서서히 성 기능은 줄지만 자위 횟수는 80세까지 일정하게 유지된다고 주장했다.

현대 성 의학에 있어 자위행위는 인체에 전혀 해가 없으며, 성 기능장애 치료에 이용되기까지 하지만, 아직도 상당수의 사람

들은 죄의식을 가지고 있으며, 해가 될 거라는 막연한 불안감을 가지고 있는 것이 사실이다.

"철없을 때 딸딸이 꽤나 쳤지. 공부 한창 할 땐데 참 힘들었어. 하고 나면 시원하기도 하고 쾌감도 있지만 그거 많이 하면 키가 안 자란다는 둥, 머리가 나빠진다는 둥 별별 소리들 때문에 죄책감에 시달리기도 했지. 그런데 결혼해서는 가끔 생각이 나."

"남편이 나하고 잠자리는 안 하면서 혼자서 그 짓거리 하는 걸 봤는데 정말 기분이 얼마나 드러웠는지 몰라. 왜 날 놔두고 혼자 하냐구. 밀려난 기분이 들고, 배신당한 기분도 들면서 버림받았다는 생각이 들었어. 그 감정이 아주 오래가서 한동안 우리 그거 안 했잖아. 내가 싫다고 했지. 혼자서 실컷 하라구."

배우자가 자위행위 하는 것을 보거나 알았다면 기분이 묘할 것이다. 그러나 많은 남성들은 아내와의 잠자리와 상관없이 자위행위를 한다. 아무리 속 궁합이 좋아 성생활이 원만한 부부도 성적욕구가 항상 같을 수는 없다. 아내가 하고 싶어도 남편이 쉬고 싶을 때가 있듯이, 남편이 저돌적으로 성 욕구를 표출하더라도 아내가 도저히 안 따라 줄 때 자존심에 생채기내며 홧김에 밖에서 길을 찾아 가정파탄에 이르지 않으려면 자위행위가 약이다.

요즘은 잘 나가는 여성들이 딜도나 바이브레이터나 캡틴으로 남편 몰래 즐기다가 간수를 소홀히 하여 들키는 사건들이 종종 있다. 길 가다보면 상가건물 2층에 '성생활용품'이라는 간판이 눈에 띄게 늘어나고, 도로변 갓길에 '성인용품'이라는 커다란 글씨가 펄렁거리고 있는 봉고차를 자주 볼 수 있다. 선뜻 발걸음 하기가 쑥스럽다면 인터넷을 뒤져도 각양각색의 섹스 토이(sex toy)들이 화면 가득 자리차지하고 있다. '소금 먹은 사람이 물 키고, 물 키는 사람이 샘 판다'고 구하려면 방법은 여러 가지고, 사려는 사람이 있으니 팔려는 사람이 있는 법! 그러나 아직도 중년들에게는 가까이 하기엔 너무 먼 곳에 있다. 어디서 얼마나 좋은 걸 파는 지도 모르고 남사스러워 하거나, 배우자에게 비쳐질 자신의 모습을 상상해보며 허벅지 꾹꾹 찌르면서 잠을 청하는 사람들이 허다하다.

"처음엔 이런 거 까지 써가면서 해야 하나 하는 생각이 들어서 서글픈 맘도 들었지만 한 번 써보니 손으로 할 때보다 보들보들하고 안 쪽에 주름이 조글조글 있어 꽉꽉 물어주는 게 천국이 따로 없더라구. 아내와 할 때는 실패할까봐 부담되는데 이건 그럴 필요가 없어서 편하고 좋아."

부부의 성욕구가 늘 딱딱 맞으면 그거보다 더 좋은 건 없을 것이다. 그러나 부부관계는 회피하면서 자위에만 탐닉하는 경우가 아니라면 적당히 눈감아 주거나 쿨 하게 도와주는 슬기도 필요하다. 싸늘한 눈빛으로 시앗이라도 본 큰 마님처럼 몰아붙이는 밴댕이 소갈딱지들, 살이 닿을까 봐 이불 가운데는 텅 비고 침대 귀퉁이로 이사간 지 오래다. 섹스트러블 부부들이 바깥 유혹에 빠져 한바탕 푸닥거리하기보다는 혼자서 살짝살짝 양념으로 시도해 새로운 맛을 느낀다면 갈등은 어느 정도 상쇄되지 않을까? 간질간질하고 옴찔옴찔 진저리 처지는 또 다른 재미를 아시는지? 남편에게 그 좋다는 거 선물 받고 싶다면 꿈이 너무 야무진 거겠지?

자기, 오늘 집에 안 들여보낼 꺼야

36

리마인드 웨딩이 유행이란다. 결혼 기념 행사를 웨딩드레스 등 예복을 입고 실제 결혼식처럼 치르는 '리마인드 웨딩(remind wedding)'이 새 풍속도로 떠오르고 있단다. 신혼시절의 기분으로 되돌아가 부부애를 다지기 위한 의식으로, 과거에 결혼 25주년의 은혼식이나 50주년 금혼식과 달리 결혼 5년, 10년 된 부부들이 더 많이 하고 있다고 한다.

요즘 결혼식장에 가보면 '신랑 신부는 뽀뽀를 3분간하시기 바랍니다'라든가, '신랑은 신부를 업고 팔굽혀펴기를 10회 실시해 주십시오'라든가, '나는 봉 잡았다'를 크게 세 번 소리치라는 등 엄숙한 예식에서 재미있는 이벤트로 치러지고 있다. 중년들은 젊은이들이 하는 짓들을 바라보며 '좋을 때다'라고 말면 그 뿐일텐데, '야야, 누군 젊었을 때 없었는 줄 알아? 대충해라 응?'하며 그들 속에 끼지 못한 맘을 궁시렁거리면서 불편해 하기도 한다.

그런데 젊은 남편들은 결혼기념일에 집에서 아내에게 꽃다발을 줘도 되는데 굳이 아내 회사로 꽃바구니를 보내 많은 동료들에게 '너 시집 잘 갔다 얘, 니 신랑 정말 멋지다'라는 부러움을 사게 하며 주변사람들의 시샘과 지지까지 끌어낸다. 게다가 주위의 동창녀석이 이혼했단 소식, 친한 동료도 별거 중이라는 얘기를 들은 뒤부터는 뒷목이 뻣뻣하면서 골똘히 고민하기 시작한다.

"내 아내는 절대 그럴 여자는 아니야. 그래도 만사는 불여튼튼이지. 뭘 해주면 좋을까?"

결혼기념일을 핑계로 아내의 감격한 표정을 상상하며 리마인드 웨딩을 준비한다. 결혼 당일 날은 손 하나 까딱 안 해도 머리 만져주지, 얼굴만 들이대면 탤런트 빰치게 분장시켜 주니 기분은 날아갈 듯하다. 장가갈 때 입었던 양복대신 오케스트라 지휘자들이나 입을 것 같은 제비꼬랑지 턱시도를 입고 어색해할 때, 매일 보던 마누라가 웨딩드레스를 입고 생글거리는데 그 옛날에 그토록 꼬시려고 안달하던 바로 그 여자가 아닌가?

취지는 초심으로 돌아가 늘 처음처럼 살고 싶은 마음에서 하는 것이나 높아질 대로 높아진 젊은 아내들의 위상에 눌려 낮아질 대로 낮아진 남편들의 마지막 보루일 것이다. 끊임없는 관심과 사랑을 퍼붓지 않으면 아내가 슬퍼하거나 딴 생각할지도 모른다는 절박감에다 아내를 더 기쁘게 해주고 싶은 마음에 큰 일을 저지르고 만다. 그동안 곰살맞게 굴지 못하고 알고 지은 죄, 모르고 지은 죄를 한 방에 사함 받기에는 리마인드 결혼식이 제격이라 신청자 절반 이상이 남성이라는 것이다.

"저 이번에 똑같은 사람에게 장가 두 번 갔잖아요. 돈은 좀 들었지만 무엇보다 아내가 기뻐서 어쩔 줄 모르니 참 잘 했다는 생각이 들어요."

"아니 한 번도 아니고 두 번씩이나 똑같은 사람이랑 결혼을 한다고? 다시 태어나도 당신뿐이라고? 그러구 싶을까?"

중년들도 매년 결혼기념일은 찾아온다. 잘 살았다는 자축과 지남철같이 꼭 붙어있고 싶었던 신혼 때를 추억하면서 사랑을 확인하는 날! 시간이 사랑도 식히고 몸도 늙혔지만 인생에서 가장 푸르렀던 날을 반추할 수 있는 깜짝 쇼는 남편에겐 필수. 젊은이들처럼 난리 법석을 떨지 않더라도 남편은 그 날 만큼은 멋쟁이 마당쇠가 되어야 한다. 늙수그레한 새도 언제든지 날아갈 줄은 아니까…결혼 전에 첫 번째로 뭘(?) 했던 곳이나 두 번째로 거시기(?)했던 곳으로 나오라는 문자를 날리면 소녀같이 들 뜬 아내는 화려한 외출을 할 것이다. 남편의 눈에 제일 예쁜 여자이고 싶은 마음에 포장수준인지 변장수준의 화장 발에다 향수냄새 풀풀 풍기면서 발뒤꿈치 아파도 높은 구두를 신고 나타난 아내, 남편은 아내 얼굴에 더덕더덕 묻어있는 세월을 안타까워한다. 마님을 모시고 복분자에 장어구이를 대접하고 내친 김에 밥 값 만큼 비싼 커피를 분위기 좋은 카페에서 아내와 같이 마실 때 느끼한 눈빛을 보내면서 작업용 멘트를 날린다.

"자기, 오늘 집에 안 들여보낼 꺼야."

"옴마나 옴마나 몰라 몰라 ㅎㅎㅎ."

제3장 에로스

빅 사이즈가 좋은가

37

기원전 그리스와 로마에서는

자신의 남근 모양을 찰흙으로 본떠 만들어 집 안팎에 세워두고 남근 크기를 자랑했다고 한다. 얼마 전 운동요법만으로 성기를 크게 만들어 주겠다며 인터넷에 '성기 확대' 사이트를 개설한 뒤 8800여명에게서 회원 가입비 명목으로 2억 여 원을 받아 챙긴 잘 난 사람이 구속됐다. 피해자들은 돈만 잃고 효과를 보지 못했으나 드러내 놓고 신고를 할 수 없었다는 것. 통계에 의하면 남성의 80~90%는 자신의 성기가 작다는 불만을 갖고 있다고 한다.

남자는 왜 그렇게 자신의 성기 크기에 집착하는가? 여자들에게 성적 능력을 과시하고 싶거나 오르가즘을 느끼게 하고 싶은 것도 있지만 이 보다 더 중요한 것은 남자들 사이에서 우월감, 사내다움, 생식능력을 과시하는 신호로서 진화된 것이 더 맞는 것 같다. 한국 남성의 일반적인 음경의 크기는 이완 상태에서 길이 7.4cm, 직경 2.8cm, 둘레 8.3cm 용적 40.6ml이며 발기가 되었을

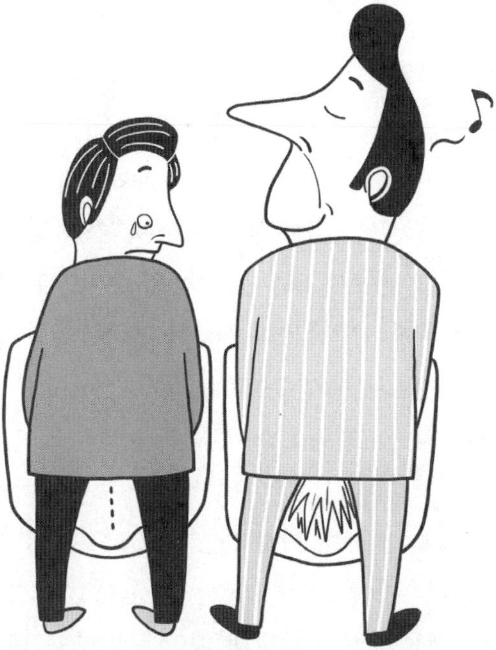

때에는 11.2cm 직경 4.1cm 둘레 11cm 용적 140.6ml로 증대된다.

남성은 남들과 비교해 더 우월한 종족이 되고 싶어하는 경쟁적인 성향이 여성보다 훨씬 더 강하다. 피로를 풀기 위해 사우나에 가지만 정작 다른 이들의 심볼을 보고는 오히려 온몸에 힘이 들어가고 경쟁심이 유발된다. 대중목욕탕에서 음경이 큰사람들은 아랫배를 내밀고 거들먹거리며 배회하는 반면에 작은 사람들은 스스로 위축되기 일쑤고, 으쓱한 우등과 위축된 열등이 부딪치는 도떼기시장이다. 음경 왜소컴플렉스는 여성 앞에서가 아니라 목욕탕에서 시작해 목욕탕에 가기 꺼리는 사우나컴플렉스로 이어진다. 남몰래 자주자주 들여다보지만 보면 볼수록 초라해 흰색 변기가 쫙 늘어선 공중화장실에서도 타인시선 때문에 나란히 서기가 겁나 일을 볼 때도 주눅이 든다. 옆에 사람이 있으면 아는 이든 모르는 이든 힐끗 힐끗 크기 조사에 나선 후 "헉…" "애게…" 하며 순간에 상대적 행복과 불행이 교차한다.

여성을 흥분시키고 절정을 맛보게 해 주고 싶은 마음에서 자신의 성기가 더 컸으면 하는 남성들은 좀 더 솔직해 질 필요가 있다. 여성의 질은 입구에서 4~5cm를 제외한 안쪽 부위에는 말초신경이 거의 없어서 질 안쪽이나 자궁경부에는 성감이 별로 없다. 게다가 여성은 오르가즘을 느끼기 위해 남성 성기가 가늘면 질점막이 더욱 부풀어지고, 굵으면 약하게 부푸는 완전자동조절시스템으로 되어 있다. 즉, 말하자면, 다시 말해서, 강조하지만 질의 구조는 열린 구멍이 아니라 닫힌 살 틈이고 요술동굴이다.

"아니 그럼 남편이 나한테 매일 구박하던 건 뭐야? 그 짓할 때마다 나보고 헐렁해졌다면서 웅덩이에 풍덩 빠진대나 뭐 어쩐대나 재미가 없다구 궁시렁 대더니만 자기 꺼가 작으니까 나한테 뒤집어씌우려고 그랬던 거 아냐? 난 그것도 모르고 애 둘 낳고 늘어져서 그런가보다 생각하고 미안해했는데 그게 아니네."

"그 좁은 데서 애 머리통이 나오는데 그게 원래대로 되겠어? 질이 딱딱 맞춰준 대는 게 말이 돼? 해 보면 알잖아. 널널한 거."

중년이 되면 남성도 자신이 없어진다. 성 기능의 변화가 오면서 고민과 갈등은 온전히 혼자의 몫이 된다. 남성의 우월함을 잃어버릴 것 같아 아내에게 훌훌 털어놓지 못하고 도움을 청하는 용기는 절대로 없다. 이럴 때 아내와의 잠자리를 피하는 핑계거리 중에 하나가 아내의 아래를 탓하는 야비함일 것이다. 남편들이 섹스를 통해서 남성다움을 확인 받고, 아내를 최고조의 흥분 상태로 이끌고 싶은 욕망은 가상하다 할 수 있으나, 자신이 없어지면서 뭔가 트집을 잡고 싶은 거였을 것이고, 처음부터 사이즈가 아니었을지 모른다. 삶의 모든 것이 그러하듯, 문제는 마음에 있는 것. 이렇게 아내가 넓어졌다고 느끼는 남편을 위해 아내는 베스트 닥터가 되어 보드라운 손, 더 보드라운 혀로 남성을 빵빵하게 키워주면 어떨까? 한 수 더 떠 '이 세상 어떤 남자들 꺼보다 당신께 최고야'라고 말하면 한 대 맞을까?

남자 아홉, 여자 일곱만 행복하다구?

38

자신은 물론 남들은 어떤 지은연중 비교하고 싶어하는 주제가 섹스다. 그래서 때론 남을 의식한 허풍을 떨기도 하고, 엉뚱한 방향으로 집착해 관음증이나 포르노 중독 등 비정상적인 상황에 빠지기도 한다. 그렇다면 우리나라 사람들의 섹스는 어떤가? 체구가 크고 풍만한 서구인에 비해 '작은 고추가 맵다'거나 '마른 장작이 잘 탄다'며 자존심을 부여잡고 발발 떨고 있는 것 같다는 생각이 든다.

얼마 전 화이자 제약회사가 27개국을 조사한 결과 '섹스가 인생에서 매우 중요하다'고 생각하는 비율이 우리나라 남성 91%, 여성 85%로 나타났다는데, 그 중 남성 9% 여성 7%만이 '성생활에 만족한다'고 한다. 인생에서 성생활이 중요하긴 매우 중요하지만 만족은 못하면서 그냥 산다는 얘기다. 왜 외국회사들이 우리나라 잠자리까지 비교해주는 친절을 베푸는지 모를 일이나 이 쇼킹한 이야기는 안들은 것만 못하고 못들은 척 흘려버리고 싶지만 신경이 쓰이는 건 사실이다.

부부간의 성관계 만족도가 낮은 이유는 남성들은 성관계 횟수가 적고, 아내가 테크닉이 없고 성관계에 관심이 없기 때문이며, 여성들은 남편이 성관계 전후의 분위기에 무심하고, 자신의 성욕구만 채우려고 하며, 남편에게 싫증이 났기 때문이라는 것이다. 자기가 배우자에게 어떤 짓을 어떻게 저지르는 지도 모르면서 서로 남 탓만 하고 있어, 밤일에 만족하고 살기는 다 틀린 것 같다는 생각이 든다.

남편이 성관계 횟수가 적다고 하는 불만은 아내들이 제 때 제 때 응해주지 않았다는 뜻일 것이고, 테크닉이 없다는 건 남의 손을 탄 적이 없는 '아다라시'라고 결혼 초에는 음흉하게 웃으며 좋아했을 것이며, 성관계에 관심이 없게 만든 건 신나고 재미있지 않으니까 그렇게 된 거 아닐까? 뒤집어보면 아내가 밑에서 요분질을 하며 적극적으로 나왔다면 화냥끼 있는 여자로 보거나 과거를 의심하거나 어쩌다 옹녀 같은 여자를 만나 내 인생 뼈도 못 추리고 종칠 것이라고 탄식했을 것이다.

아내는 남편이 성관계 전후 분위기에 무심한 것은 당연히 욕할 만하지만, 남편은 20초면 준비완료 되고, 성난 음경이 언제 어떻게 사그라질지 모른다는 불안감 때문에 빨리 들어가고 싶어 안달인데 아무리 물고 빨아도 끄떡도 안 하는 아내를 이삼십 분씩 봉사를 해 달라니 참으로 환장할 노릇 아닌가? 남편은 자신의 성욕구만 채우려는 게 아니라는 걸 보여주고 싶어 어떻게든 버텨보려고 갖은 애를 써 보지만 자꾸 스멀스멀 기어 나오는 걸 어쩌란 말인가. 참으로 안타까운 노릇이다. 할 때마다 멋있게 아내를 죽여주고 싶은 마음은 모든 싸나이의 꿈(?)이라는 걸 모르는 것 같아 화가 난다. 게다가 한 수 더 떠 남편이 싫증이 났다는데, 물론 지루할 때도 되었지만 두 눈을 달고 다닌 이상 피차가 마찬가지 아닌가.

"솔직히 말해서 남편이 자기 맘 내키는 대로하고 왕처럼 군림하려고 하니 뭐가 재미가 있겠어? 그저 댓바람 올라가서 두어 번 찌꺽찌꺽 대다가 슬그머니 내려오니 그걸 하고 싶겠냐구? 후딱 하면 미안하다고 하면서 내일 다시 하자구 하니… 다시 하면 뭐가 더 좋아지는 데? 나도 땀 범벅하면서 아랫도리 흥건하게 적셔보구 싶다구."

"새 거는 아니라도, 짝짝 물어주지는 못해도 좋아. 그러나 남들 다 해주는 오럴은 왜 안 해주면서 날 변태취급을 하냐구? 그러니 집구석에서 하구 싶겠어? 나가면 서비스 끝내주는 여자들이 쭉 깔렸는데…"

선진 복지국가들도 나라에서 부부 성생활관리를 해준다는 소리는 못 들어봤다. 세종대왕도 이순신 장군도 우리네 밤일을 짜릿하고 황홀하게 해 주실 수는 없다. 남자는 화성에서 왔고 여자는 금성에서 왔다. 본능적으로 섹스를 하고 진저리치는 절정을 만끽하고 싶은 거 빼고는 다 다르다. 이 세상에 공짜는 없다. 이렇게 서로 다름은 암컷과 수컷의 생물학적 특성을 잘 알고 딱딱 맞춰가면서 내 아내가 왜 울고 있는 지, 내 남편이 왜 비참해하는 지 알면 매우 만족한다는 16명의 주인공이 될 수 있다. 남자 vs 여자, 돼야 한다 vs 하면 된다, 시각 vs 촉각과 청각과 후각, 20초 vs 20분, 17세 vs 35세, 이렇게 다르다는 말이지?

채팅에 빠진 아내들

39

채팅을 통한 원조교제

어쩌구 하면 대개 남성들을 떠올리기 쉽다. 하지만 성적 욕망과 에로틱한 이성을 원하는 욕구는 남녀가 따로 없는 것 같다. 특히 요즘 아내들은 너무 똑똑해서 컴퓨터 다루는 실력이 만만치 않으나 인터넷 채팅을 즐기는 사이에 헤어 나오기 어려운 수렁으로 빠지고 있다.

뭐든지 잘 쓰면 약이요 못쓰면 독이 된다. 인터넷 채팅은 흔히들 욕망이 분출되어 카타르시스를 느끼며 삶의 활력소가 된다고들 한다. 그러나 기혼 남녀들의 온라인 채팅은 바깥에서 바람 피우는 것보다는 낫다고 하나 번개를 통한 오프라인 만남은 불륜으로도 이어지며, 알지 못하는 이성과 하는 자극적인 대화들이 현실의 배우자에 대한 불만을 증폭시키기 때문에 괜찮았던 부부 관계를 껄끄럽게 하는데 한 몫 단단히 한다. 결혼한 사람들도 애인 하나쯤은 있었으면 좋겠다고 생각하는 이들이 꽤 있다. 둘만의 암호 하나 가졌으면 좋겠고 둘만의 오붓한 시간을 갖고 싶어하기

도 하다. 익명성과 편리성으로 한번 이런 관계를 맺어 본 사람은 쉽게 또 다른 상대를 찾으며 되풀이되는데 인터넷문화가 중년들에게도 익숙하게 되었다는 것이 더 큰 문제다. 그런데 아내들뿐만 아니라 남편들 역시 그렇다고 봐야 한다.

"마흔이 넘으니 갑자기 마음이 허해지는 것이 '이렇게 내 젊음이 가버리는가' 하는 생각이 들면 애인을 갖는 꿈을 꾸게 되죠. 드라마에서는 중년남자가 어린 여자들이랑 연애도 잘만 하던데…. 진짜로 만나지는 않더라도 채팅으로라도 여자랑 사귀고 싶어요."

배우자가 사이버 상에서의 외도를 한다는 눈치를 챌 수 있는 징후는 여러 가지다. 미국의 시사주간지 위클리 월드 뉴스에서 제시한 '아내의 사이버섹스 체크리스트'를 보면 불면증을 핑계로 밤늦은 시간에 컴퓨터를 켠다. 남편이 방에 들어오면 황급히 컴퓨터를 끈다. 최근 아내가 보낸 전자우편들이 깨끗이 지워져 있다. 지금까지 볼 수 없었던 자극적인 행동을 잠자리에서 한다. 등이 그 주요 항목이다.

조사에 의하면 남성과 채팅을 하고 있는 가정주부의 100%가 남성과 애인이나 오빠관계를 맺은 적이 있고, 그 가운데 81%가 밖에서 만났다는 것이다. 그러면 왜 아내들은 그러한 채팅을 통한 성적환상에 몰입하는 것일까? 주부들이 채팅으로 탈선하는 첫째 이유는 남편에 대한 불만이다. 채팅 중에 상대에게서 느껴지는 친근감을 사랑으로 착각하는 데서 불륜은 싹트게 된다. 대상 남성의 90%가 성적욕망을 해소할 목적으로 채팅을 하기 때문에 그 얍삽한 꼬드김에 올인하게 되는 데 바로 거기에 두 발 다 퐁당 빠지게 된다. '번개'로 만난 여성과 성관계로까지 발전하는 경우가 무려 71%에 달한다는 것이다.

"남편 출근하자마자 집안 일도 팽개치고 사이트에 접속해서 채팅을 즐기다 보면 어떻게 시간이 가는지 몰라요. 어느 채팅방이나 들어가기만 하면 누구나 반겨주거든요. 어설픈 수작으로 꼬시더라도 제가 어디 가서 그런 대접을 받아보겠어요? 그 맛에 넘어가고 싶어지지요. 번개 약속을 하고 나면 맘이 설레서 가슴이 터질 것만 같아요. 남편에게 들킬까 봐 조마조마 하지만 그래도 자꾸만 하게 돼요."

늦게 배운 도둑이 날 새는 줄 모르듯 중년여성들의 채팅재미는 날이 갈수록 더해만 갈 것이다. 그렇다고 아내들을 이름 모를 늑대들에게 빼앗길 수는 없는 법, 자꾸 남편의 품을 떠나 달아나려는 아내들을 위해 사랑과 관심은 끊임없이 채워져야 한다. 돌멩이 쌓아가듯 차근차근 정성을 들이되 채팅보다 더 화끈한 무엇이 있어야 내 아내를 사수할 수 있다. 사이버세상 주변에서 어슬렁대며 킁킁거리는 나쁜 늑대들 사이에서 암내 풍기고 싶어하는 어부인을 온통 연두빛과 분홍빛으로 채워진 봄 내음 물씬 나는 놀이세상으로 나꿔채, 아기들 쓰는 귀여운 동물헤어밴드를 머리에 씌워주고 솜사탕 뜯어 먹여 줘가며 하트를 팍팍 날려줘야 한다. 나란히 회전목마 타고, 미니카 서로 부닥치며 깔깔대고 놀다가 청룡열차까지 타고나면 무섭고 어지럽다며 내숭과 콧소리 범벅으로 남편 품에 폭 안기지 않을까? 이래도 아내는 채팅 속에 그이(?)를 그리워할까?

내 남편의 여자

40

남편은 더 이상 하늘이 아니다.

게다가 아내 친구랑 바람 피는 남자는 더더욱 땅바닥이다. 요즘 잘 나가는 드라마에서 온 나라 여성들에게 친절하게 가르쳐줬다. 어느 누구도 '절대로 내 남편이 바람을 피우지 않을 것'이라고 장담할 수는 없을 것이나 그래도 가끔은 손가락에 장을 지지고 싶어하는 아내들이 있다. 다른 건 몰라도 그 문제만은 믿을만하다고 생각하지만 현실은 그렇게 FM대로 살아지는 게 아니다. 많이 살아본 어른들 말씀에 '남정네들은 그저 집 밖을 나가는 순간부터는 내 꺼가 아니려니…라고 생각하는 게 편해'라는 소리는 다들 경험에서 나온 소리일 것이리라. 그러나 막상 내 남편이 내 친구랑 그렇구 그런 사이가 되어버렸다면 어떻게 해야 할까? '사랑이 어느 새 내 곁에 와 버렸어. 미안해.' 이런 청천병력 같은 말은 평생 듣고 싶지 않은 말이나 그걸 피하는 게 쉽지만은 않은 일이다.

누구나 결혼생활을 하면서도 설레는 사랑을 꿈꾼다. 가보지 않은 길에 대한 막연한 그리움, 내가 선택하지 않아 가볼 수는 없지만 그곳에 꼭 있을 것 같은 꿈 같은 세상에 대한 환타지를 가진다. 남들이 보면 전혀 줄긋기가 되지 않는 사람들과의 성적인 상상을 시도 때도 없이 해 보기도 한다. 그러나 꿈은 꿈에서 그치지 현실까지 이으려는 사람은 그리 많지 않다. 얼마 전 듀렉스사는 34개국을 대상으로 성생활을 조사한 결과 여성 7%, 남성 12%로 10명 중 1명은 절친한 친구의 파트너와 섹스를 했다고 털어놓았다.

지극히 평온했던 어느 날, 아내의 가슴에 폭탄이 떨어진다.

"나 당신에게 고백할 게 있는데 말야. 나 사실 당신 친구랑 사랑에 빠졌어. 당신한테는 미안한 얘긴데 나도 어떻게 그만 두려고도 해 봤지만 도저히 못 헤어지겠어. 당신이 날 이해해주고 날 놓아주면 좋겠어…"

라는 뻔뻔한 인간도 있고, 아내 몰래 아내친구랑 아슬아슬한 불륜관계를 가져오다가 빼도 박도 못하게 들키는 순간 영악해진 쥐가 고양이를 물어버리기도 한다. 어차피 들킨 거 이판사판이니 들어내놓고 불륜을 계속하는 파렴치한 로드 맵도 있다. 이때 윤리나 도덕은 잠깐 어디로 마실갔을까?

생물학적으로 끌리는 낯선 이성의 유혹! 결코 의도하지 않았으나 어느 날 불쑥 찾아온 사랑에 어떻게 해 볼 도리가 없었다며 결혼으로 박제되어 있던 내 안의 또 다른 사랑이 눈을 뜬걸 어떻게 하냐면서 철판을 깐다. 세상이 변했으니 배우자 스스로 커밍아웃

하는 불륜쯤은 눈감아 주어야 할까? 한 번쯤의 일탈은 용서될 수 있는 것일까? 예비부부들은 결혼 후 배우자의 외도에 대해 '한 번 정도는 눈을 감아주겠다'가 31%,'별거를 고려한다' 31%, '당장 이혼을 한다' 18%로 나타났다. 중년부부들도 마찬가지일까?

미리 낌새를 알아챘어야만 했다며 자책하기엔 너무 멀게 와 버렸고 어쨌든 수습을 해야 하겠는데 머리 속은 하얘지고 멍하기만 하다. 마지못해 용서해주는 척 해 줘야 하나? 드럽다고 악을 박박 쓰면서 내쫓아 버려야 하나? 아니면 아주 고상하고 조용조용히 협의이혼으로 끝장을 볼까? 그것도 아니면 불여시를 찾아가서 머리끄뎅이를 잡아채던지 실컷 두들겨 팰까? 광화문 네거리로 끌고 가서 망신을 줄까, 돌팔매질 당하게 해 줄까?

거품 물고 길길이 뛰다가 시간이 지나면 구멍 뚫린 울타리를 다시 치고 그냥 산다. 왜 그럴까? 자식 때문에 살고, 생활력 없어 살고, 이혼녀 되기 싫어 살고, 그게 그 남자의 전부는 아니니까 살고, 돈 버는 기계로 써먹기 위해 살고… 이런저런 계산을 해보고 이 핑계 저 핑계를 끌어다 대고 그냥들 살아간다. 그렇다면 나중에 험한 꼴 보기 전에 일단 보물을 사수해야 한다. 남편은 절대로 친구에게 보여주지 말고 불쏘시개를 만들 기회를 주지 말아야 한다. 남편은 반쪽도 나눠 가질 순 없는데 밖으로 내 돌리면 깨지게 돼 있다. 자나깨나 친구 조심, 깨나자나 남편조심, 아내의 살이 내 살 같다는 고개 숙인 남편도 눈에 불 켜고 다시 봐야 할 껄!

내 아내는 지금 어디서 뭘 할까?

41

부부는 신뢰로 산다.

믿음이 깨지면 딱 풀로 붙여도 잘 안 붙는다. 우리나라 기혼 남녀 중 로또에 당첨되어도 아내에게 말하지 않겠다는 남성은 17%, 남편에게 말하지 않겠다는 여성은 26%로 나타났다. 아내가 더 영악스러운 시대인가보다.

닭이 먼저인지 알이 먼저인지는 모르겠으나 아내는 남편을 못 믿고 남편은 아내를 의심하며 살아가는 사람들이 꽤 있다. 한 수 더 떠서 배우자의 뒤를 캐는 부부들도 있다. 너무나 찐하게 사랑한 탓일까? 의심은 소설을 낳고 소설은 시나리오를 쓰면서 별별 상상을 다 하다가 물증을 잡으려고 온갖 짓들을 다 하고 있다. 지갑이나 소지품을 뒤지거나 직접 남편의 뒤를 미행하는 건 고전에 속한다. 몰래 핸드폰 문자 메시지를 확인해보거나 이메일을 뒤져보는 것도 애교수준이다. 차에 핸드폰을 감춰두고 위치 추적을 하거나 가방에 몰래 위치추적 단말기를 넣기도 한다. 과거엔 단순 미행, 사진 촬영 등의 역할에 머물렀던 심부름센터들도

한 다리 끼어 쌍둥이폰, 휴대전화 위치추적, e-메일 비밀번호 해킹 등 나날이 진화하고 있다.

신혼 때는 부부로 엮이어 둘만 바라보고 있다가 얼만큼 살다 보면 한번쯤은 그 사랑의 사슬에서 벗어나고 싶은 마음도 있다. 직장에 다니는 아내는 낮 시간에 직장에 있지만 전업주부들은 낮 시간에 도대체 어디서 무엇을 하는 지 아무도 모른다. 남편 출근하고 나면 컴퓨터 앞에서 이 남자 저 남자랑 채팅도 하고, 인터넷 까페에 들락날락하다가 번개로 외간남자를 만나기도 하고, 등산을 빙자한 정모도 한다. 헬스장이나 골프연습장에 가도 뭇 사내들이 공주님으로 떠받드니 낮 시간에 아내들은 살맛 나는 궁전에서 살고 있다.

이쯤 되면 불륜은 누구 아내에게도 일어날 수 있는 일이 되었고, 물가에 내 놓은 아이같은 아내 때문에 남편들은 늘 불안하다. 그렇다고 아내를 데리고 회사출근을 할 수도 없고, 아내 다리에 끈을 칭칭 동여맬 수도 없으니 딱한 노릇이 아닌가. 불륜의 사랑도 사랑이라고 외치고 간통죄에도 반기를 드는 사람들이 늘고 있는 지금, 불륜상대자와의 섹스가 더 좋은 이유는 남녀 모두 그 비밀스러움에 무엇보다 짜릿한 흥분을 느끼고, 자극적인 성관계가 전제되니 그날이 그날인 부부간의 밍밍한 섹스를 일수 도장찍듯이 하기보다는 달콤 쌉싸름한 섹스를 찾아 헤매다가 위치추적에 딱 걸리고 마는 것이다.

아내들도 못다 핀 성적 욕망의 목마름이 있을 것이고, 2% 부족한 성생활 때문에 밤마다 외로움에 떨기도 할 것이다. 남편과 관계가 좋지 않은 사람일수록, 믿음의 두께가 얇아질수록 불륜 유혹을 잘 느낀다고 한다. 그것은 남녀가 가까워지면 세로토닌 분비로 심장 박동이 빨라지고 황홀한 감정에 빠지게 하며 이성적 판단력을 흐리게 하기 때문에 침울했던 마음이 황홀해지기 때문이다.

"얌전했던 아내가 어느 날부터 친구들과 어울려 돌아치더니 모양을 내기 시작하는데, 화장도 야하게 하고 옷 타령을 자주 하는 것이 뭔가 낌새가 느껴지더라구요. 그래서 그때부터 뒤를 밟아봤죠. 물론 아내 핸드폰도 몰래 뒤지게 되구요. 그런데 비밀번호로 잠겨져 있어 더 수상하게 생각했지요. 도대체 누구랑 문자를 주고받길래 잠갔을까 하고, 별에 별 상상이 다 되면서 아내 이메일도 뒤져보게 되더라구요."

뭐니뭐니 해도 부부간의 제일은 신뢰다. 결혼식 때 맹세했다고 검은머리 파뿌리 되도록 질기게 같이 살면 무엇할 것이며, 하얀 머리 염색해 겉 다르고 속 다르게 지낸들 무슨 소용이 있을까? 게임 아웃된 다음에 방망이 차고 다니는 순사꼴은 또 얼마나 비참하고 우스울 것인가? 쫓는 사람이나 쫓기는 사람 피차 못 할 짓이다.

그러나저러나 하루라도 컴퓨터나 핸드폰이 없으면 불편하기 짝이 없는 물건임에는 틀림없는데, 어디서 무슨 말을 하는 지까지 낱낱이 드러난다니 뒷맛이 개운치 않다. 불륜이니 뭐니 하도 떠들어대서 덩달아 애인 찾아 나서려고 막차 탄 아낙네들은 불쌍해서 어떻게 하나? 쓸데없는 생각 말고 남편에게나 애정 어린 이메일 쓰고 깜찍한 문자 날리면서 안 들키는 더 좋은 물건 나올 때까지 꾸욱 참아야 하지 않을까?

있을 때 잘해

42

우리나라 40대 가장은

아내가 가장 큰 갈등 상대라고 하였다. 또한 아내에게 가장 섭섭할 때가 남편을 무시하거나 구박할 때, 무관심하거나 의견을 존중해 주지 않을 때로 나타났다. 그러면서도 아내에게 미리 남기고 싶은 유언으로는 '미안하다'와 '사랑한다'가 으뜸이었다.

그러나 3, 40대 아내들이 남편에게 하고 싶은 말은? '있을 때 잘해'가 제일 많았다. 죽을 때 나 돼서 하지 말고 평상시에 듣고 싶다는 얘기다. 남성은 눈을 마주보며 '사랑한다'는 말이 여성의 뇌를 얼마나 행복하게 하는지 알아야 한다. 이 말을 하기가 그렇게 힘들다면 가벼운 포옹으로도 대신해도 된다. 사랑 받은 여성은 공격성이 없어지고 사랑스럽게 변한다는 게 키 포인트다.

갱년기 아내가 왜 쇼핑중독에 빠졌을까? 한 마디로, 관심을 가져주고 사랑해달라는 거다. 아내는 사랑을 먹고산다. 바로 이 사랑은 필요로 하는 만큼 받지 못한다고 생각하면 서운한 만큼 남편에게 상처를 주게 되고, 그나마 남은 사랑의 흔적마저 사라지고 만다. 소원한 부부관계는 사랑의 행위를 함으로써만이 교정될 수 있다. 그 행위는 하기 힘든 어마어마한 행동이 아니라 '사랑해', '고마워' 같은 간단한 말일 수도 있다. 우리나라 부부의 하루 평균 대화시간은 30분~1시간이 33%로 가장 많았다. 남편과 아내 사이에 대화시간이 짧으니 제대로 자신의 마음을 표현하지 못하고, 사소한 부부싸움이 이혼으로 치닫기도 한다. 말로 하는 대화가 어렵게 느껴진다면 과감한 바디랭귀지부터 시도해보는 게 부부사이를 붙여주는 아교가 될 수도 있다.

전혀 다른 별나라에서 온 두 사람이 만나 살면서, 갈등 없이 애정만 샘솟으며 지낼 수 있으리란 기대는 애초부터 무리다. 아내는 사랑하는 남편과 많은 것을 나누고 싶어하나 남편은 자기 본위로 관계를 만들어 나가려고 해 아내를 지치게 만들기도 한다. 그런데 70대 남성 노인들의 혼인 상태를 조사한 결과, 유 배우자가 무 배우자보다 4.6배나 많았으나 여성 노인은 무 배우자가 유 배우자가보다 2배가량 많은 것으로 나타났다. 배우자의 존재는 보호적 환경을 제공해 사망 위험을 줄여주는데, 배우자와 헤어질 경우 남성이 여성에 비해 상대적으로 더 빨리 사망한다. 결혼에서 누가 더 많은 이익을 보는지를 굳이 따지자면 남성 쪽이라는 것이다. 오래 살고 싶은 남자들은 자신을 위해서라도 아내에게 잘 해주는 게 맞다.

나라에서 부부의 날을 법정기념일로 제정했다. 여기에도 깊고 깊은 뜻이 있으리라. 난생처음으로 맞는 부부의 날을 구실 삼아 덤덤한 사이에서 연인사이로 탈바꿈해보는 것도 국가시책을 따르는 1등 시민일 것이다. 그렇다면 어떻게 할까? 둘만의 오붓한 시간을 갖고 결혼생활 중 있었던 좋은 추억, 아쉬운 기억 등을 되새기며 삶의 무거운 짐을 나눠진 서로를 치하하면 좋을 것이다. 안 해버릇하다 갑자기 하려면 서툴기도 하고 쑥스럽기도 할 것이다. 정 입이 안 떨어진다면 연필로 쓰는 편지는 어떨까? 배우자가 곁에 있어 얼마나 고맙고 소중한지, 앞으로 어떻게 살고 싶은 건지 속내를 드러내보는 것도 좋을 것이다. 둘이는 결국 사랑을 확인하면서 내친 김에 부부관계를 다지는 첫 단추 끼우는 날로 밤일까지 진도를 나가보는 거다.

"여보, 사랑해. 우리 오래간만에 막내하나 만들어볼까? 오늘은 둘이 하나되는 기념일이니까 그냥 보내면 나랏님이 서운해하실 꺼 아냐? 애국가나 국기에 대한 경례는 생략하기로 하구 이리 오라구. 내가 머리 털 나구 첨으로 여자 팬티랑 브래지어를 사봤지. 맘에 들어?"

"옴마나 옴마나 당신두 참… 살맛만 나면 되지 그런 거가 뭔 소용이래?"

피곤한 남편, 쌩쌩한 아내

43

남자들은 하루 하루가

정말 피곤하다. 더구나 5월은 더 그렇다. 가정의 달이 남편들을 잡아먹는다. 평소에 안 하던 아빠노릇에 자식노릇에 사위노릇에 남편노릇까지… 게다가 석가모니까지 태어나셔서 집에서 뒹굴고 싶어도, 만원전철에서 운 좋게 자리차지 했는데 연세 드신 분이 탔을 때처럼 눈치가 보여 더는 버티지 못하고 온가족을 대동하고 나가야만 맘이 편하다. 간 큰 남편은 주5일 덕분에 금요일 저녁 늦게까지 술을 마시고 토요일 오전까지 잠을 퍼 자기도 한다지만… 이 시대를 사는 피곤한 남편들은 얼마간이라도 잠자는 숲 속의 왕자가 되고 싶다.

그런데 아내가 직장에 다니면 피차일반이라 좀 낫지만 전업주부일 때는 아이 뒤치닥거리에, 집안 일에 지쳤다고는 하나 그건 엄살이었는지 남편만 보면 없던 기운이 솟는지 남편이 퇴근하자마자 애들 핑계를 대 가며 밖으로 나가고 싶어한다. 인상을 살짝

쓰면서 피곤하다고 하면 '내 그럴 줄 알았다는 듯' 상처를 받고 삐지기 일쑤다. 최소 며칠을 뾰로통한 입을 보며 사느니 차라리 아내 뜻에 따르다보니 오월은 지칠 대로 지친 남편들에게는 건드리면 바로 터져 버리는 부비트랩(booby trap)이다.

여자의 욕망은 끝이 없는 가보다. 이름 붙은 날 하루 종일 쎄 빠찌게 봉사를 했으면 고마워하며 대접이 달라질 줄 알았더니 아내의 업 된 기분은 밤이 돼도 식을 줄을 모르고 콧소리로 대놓고 '하고 싶대니…' 아내 혼자 보약을 혼자 드셨는지 환장할 노릇이다.

"몸이 고단해서 못한다고 말하려다가 이왕 봉사하는 김에 사내다움을 확실하게 보여주고 싶은 마음에 까짓 거 죽기 아니면 까무러치기밖에 더 하겠냐 싶어 물 잔뜩 먹은 솜방망이 몸땡이로 시도를 해 봤는데 역시 케이오 패 당하고 말았어요. 저도 기가 막히더군요. 몇 번 왔다갔다 했는데 그만 시동이 꺼져버리는 거예요. 아내한테 '미안하다며 조금 있다가 다시 해 보자'고 하고 돌아누웠는데 한번 꺼진 엔진은 '기약 없음'으로 응답이 없으니 어찌나 무안하던지… 이 세상에 쥐구멍은 꼭 있어야 되겠더라구요."

이럴 때 영리한 아내는 되로 받고 말로 갚아 줘야 한다.

"당신 오늘 너무 힘들었지? 오늘은 무리인줄 알면서 내가 너무 기분이 좋아 욕심을 부렸어. 미안해 여보, 보약 좀 지어야겠지?"

한국릴리 조사에 의하면 우리나라 남성 67%, 여성 73%가 성생활에서 스트레스를 받는다고 대답했다. 남녀 모두 성관계를 피하기 위해 노력한 적이 있는데, 남성은 36.9%가 컨디션이 안 좋다고 거짓말한다, 20.7%는 자는 척 하거나 계속 딴 짓을 한다, 18.2%는 하기 싫다고 솔직히 얘기한다 등의 순이며, 여성은 34.9%가 하기 싫다고 솔직히 얘기한다, 29.8%가 컨디션이 안 좋다고 거짓말한다, 21.2%가 자는 척 하거나 딴 짓을 한다 등의 순으로 남녀가 다르게 나타났다. 아내들은 싫으면 싫다고 칼같이 자르는 잔인함을 보이는데 반해 남편들은 계속 이리저리 핑계를 대며 밍기적거리는 이유는 뭘까?

그래도 어쩌겠는가? 보약까지 해 준다니 열심히 마셔보고, 틈틈이 바퀴벌레라도 몸에 좋다면 몽땅 잡아먹어 보강을 해야 되지 않겠는가? 아내의 기대에 부응하는 뜻에서라도 안하던 팔굽혀펴기도 좀 하고, 런닝머신도 하면서 갖은 쌩쑈를 다 해 켜켜이 먼지처럼 가슴에 쌓인 스트레스를 말끔히 풀어 주어야 한다

제비들은 여자의 말을 잘 들어 줘 여자들로부터 지극한 사랑을 받고, 남편들은 아내의 말을 막아 버려 아내마음에 깊은 원망과 불평이 쌓인다는 걸 남편들은 알아야 한다. 태초에 아담이 에덴동산에서 이브를 홀로 외롭게 내버려 두어 제비 같은 뱀의 유혹에 넘어가 그만 금단의 열매를 따먹는 범죄를 저질렀다. 너무 외로워서 사고를 친 이브를 남편들은 되새기고, 내일의 성공보다는 당장 오늘 내 아내의 행복이 더 중요하다는 사실을 한 시도 잊지 말아야 하지 않을까?

출세를 위해 섹스를 한다고?

44

권력과 섹스는 불가분의 관계에 있다.

권력을 이용해 섹스를 취해온 이들이 있는 반면, 섹스를 이용해 권력을 취해온 이들도 있다. 권력과 섹스가 만났을 때 그들이 상관관계가 있다는 것은 역사를 통해서도 알 수 있다. 권력을 위한 섹스! 과거에도 여자들은 권력에 접근하기 위한 도구로 섹스를 이용했다. 권력을 얻기 위해 섹스를 이용한 양귀비는 당 현종과 관계를 맺어 권력에 접근할 수 있었다. 클레오파트라는 자신의 성적 매력을 이용하여 적들을 굴복시켰고, 알몸으로 담요를 뒤집어쓰고 시저가 있는 알렉산드리아 호텔에 숨어 들어가 하룻밤 사이에 연인 사이가 되어, 케사리온을 잉태했다.

에바 페론은 잠자리를 통해 성공에 이른 대표적인 케이스. 에바는 일찌감치 남자와의 성관계를 통해 인생을 바꿀 수 있다는 사실을 알고, 남성을 중요한 수단으로 삼아 보다 높은 곳에 뜻을 두고 그녀에게 이익을 줄 수 있는 사람이라면 모두를 상대했다.

자신의 몸뚱이를 돌다리 삼아 원하는 것을 하나씩 얻어내 긴 여정 끝에 도착한 마지막 상대는 후앙 페론. 이렇게 최고 권력자와 결혼하여 에바 페론이 재탄생하였다.

남성 패션 잡지 에스콰이어 한국판에서 한국남녀를 대상으로 조사한 결과, 한국 성인 남녀 4명 중 1명(남성 25%, 여성 26%)이 출세를 위해 잠자리를 한 적이 있다고 했으며, 이들 중 남성 19%, 여성 23%는 잠자리를 함께 해 실제로 효과가 있었다고 응답했다. 같은 기간 에스콰이어 미국판이 미국 남녀를 대상으로 한 같은 설문 조사에서 남성은 6%, 여성은 4%만 '그렇다'고 답했다. 응답률로만 비교할 때 출세를 위한 잠자리 경험은 한국이 미국보다 4~5배 높은 것으로 나타났다.

역사적으로 높으신 분들이나 유명하신 분들은 그렇다 치더라도, 지금, 우리나라에서, 보통 사람들이 출세를 위해 섹스를 한다는 말이다. 그것도 우리가 알기로는 성 개방이 훨씬 더 된 나라라고 생각하는 미국보다 더 심하다는 얘기가 아닌가? 유명한 사람들 주변에는 늘 떠도는 소문들이 따라다니는데 누구와 누가 어떤 사이라는 둥, 그렇고 그런 관계라는 둥, 그거 다 여자가 어떻게 출세 좀 해볼까나 하는 마음에서 꼬리를 친 것일 것이라고, 일부의 문제일 것이라고 치부해버리고 말았지만 그게 바로 이 시대 우리들의 모습이란다. 게다가 한 수 더 떠서 남자들도 그렇다는 말이다. 바야흐로 지금은 여성 CEO도 많아졌고 여성상사들 또한 많아진 시대! 충분히 있음직한 얘기지만 우리사회 1/4은 벌레가 먹었다는 얘기다. 게다가 거의 대부분 섹스효과가 있었다는 것은 옛날의 잘난 언니, 잘난 누나들처럼 하면 권력을 잡을 수 있다는 역사의 되풀이까지 들먹인다면 너무 거창한 걸까?

내 남편이, 내 아내가 초고속 승진을 하거나 사업이 나날이 번창한다면 실력이 뛰어나 출세가 빠르다거나 능력이 탁월하다고 좋아만 할 것이 아니라 한번쯤은 의심의 눈을 흘겨봐야 한다면 너무 불신을 조장하는 걸까? 정말 똑똑한 인재들이 잘 나가고 있는데 찬물 끼얹는 소리일 수 있으나 전혀 무시해버릴 수 있는 것만은 아니지 않은가?

"당신 똑바로 말해. 당신 높으신 분과 뭔 짓 한 거 없어? 아무 짓도 안하고 순수하게 실력으로 승진했다는 말이야? 넷 중에 하나는 아니란 말이지? 알았어. 고마워. 휴우…"

이럴 때 낌새가 있거나 냄새가 날 때 호벼 파야 할까? 아니면 슬쩍 모른 척 하고 배우자의 승진을 기뻐해야 할까? 살기 험난한 지금 그 직장이나 그 사업을 그만두게 할 용기가 있을까? 너무 많이 알면 다칠까?

"여보, 고마워. 당신 승진 못해서… 당신 다 내꺼지?"

정말 어떻게 사는 게 잘 사는 건지 혼란으로 몰고 가는 세상이 아닌가.

룸살롱 아가씨 같은 아내

45

얼마 전 대기업 회장 아들이 룸싸롱에 갔다가 세상이 시끄러웠다. 룸살롱은 우리의 접대나 회식문화와 밀접한 관계가 있다. 여성부에 따르면 우리나라 직장인들의 연간 회식 횟수가 11.3회, 접대 빈도는 8.7회에 달한다. 한 달에 한번 정도는 룸살롱에 갈 기회가 있다는 얘기다.

온 세상 남편들이 모두가 딴 짓을 한다 해도 내 남편만은 착실하게 회사 일만 잘 하리라고 믿고 싶지만 일단 집을 나선 남편이 귀가하기까지는 어디서 누구와 무엇을 어떻게 하고 있는지는 아무도 모른다. 어느 날 늦게 귀가한 남편에게 어디에서 술 마시다 이렇게 늦게 들어왔냐고 물으면 하나같이 뻔뻔하게 사업상 접대 때문이라고 둘러댄다.

"남자가 사회생활 하다보면 어쩔 수없이 룸싸롱에 갈 수도 있는 거 아니야?"

"요즘 룸싸롱은 여자 홀딱 벗고 쇼하고, 거기서 온갖 추잡한

짓거릴 다 한다던데. 접대를 꼭 그런데서 해야만 돼? 그렇다면 직장생활 하는 여자도 호스트 바 가서 놀다와도 되겠네?"

"아니 당신 그걸 말이라고 해? 여자랑 남자랑 같냐?"

부부싸움의 단초를 제공하는 룸살롱! 우리나라 남성들이 질펀하게 노는 것으로 정평이 나 있는 북창동 스타일, 이른바 '나가요걸' 중 상위 10%의 인재(?)들만 뽑았다는 텐프로, 노는 물이 다르다는 룸살롱. 그곳에서 무슨 일이 일어날까?

룸싸롱만이 지닌 은밀함은 열린 공간에서 쉽게 하지 못할 일과 남이 봐서는 안 되는 일을 하기에 딱이고, 여성을 성적 대상으로만 여겨온 남성 중심 문화의 산물임에 틀림없다. 섹스에 있어서도 항상 우위를 점하고 싶지만 중년이 되면서 드세진 아내에 비해 육체적·심리적으로 작아진 남편들… 그러니 룸살롱에서는 나이

어린 여성을 자기 마음대로 할 수 있고 평소 아내에게 요구하지 못하던 변태 행동도 해볼 수 있으니 퐁당 빠져들기 쉽다.

사업상 만나는 경우는 비교적 조용한 분위기에서 아가씨의 손을 잡는다든지 가슴을 살짝 만지는 정도에서 그치지만, 잘 알고 지내는 사이라면 쌓인 스트레스를 풀어버린다는 명분 아래 한바탕 질펀하게 놀아 젖히는 데 가관이다.

탁자 위에 술과 안주가 셋팅되고, 아가씨들이 줄지어 들어서면 자신의 취향에 맞는 파트너를 간택하느라 눈빛이 반짝인다. 여자들은 옆에 앉기 전에 노래방 마이크를 잡고 요즘 유행하고 있는 최신가요를 부르며 옷을 하나씩 벗어 던진다. 요즘 대세를 이루고 있는 북창동 스타일은 계곡주와 유두주로 난잡함의 결정판이다.

전라상태가 된 나가요걸이 인사를 한 뒤 팬티만 입고 남성손님의 양복과 와이셔츠를 벗기고 논다. 와이셔츠에 립스틱 자국이나 향수 냄새 등이 남지 않도록 하기 위한 갸륵한 배려이다. 이렇게 남성은 웃통을 벗고 나가요걸은 팬티 차림으로 음주가무가 이어진다. 성 매매 방지법 실시 이후 단속에 노출될 위험이 큰 2차보다는 룸 안에서 아낌없이 놀다가 끝내는 추세라고 한다. 춘향전에 나오는 '이리 오너라~ 업고 놀자~'처럼 마지막 클라이맥스는 끝나기 바로 전에 서비스 차원에서 입으로 마무리를 쌈빡하게 해 준다.

아내들은 남편이 룸싸롱을 즐겨 찾는 이유를 확실하게 알아야 한다. 그리고 긴장해야 한다. 남편의 쌓인 스트레스를 어떻게 하면 풀어줄 것인지… 룸싸롱의 아가씨처럼은 못하더라도 버금은 가야 한다. 퇴근길에 아가씨들이 눈에 어른거려도 집으로 곧장 올 수밖에 없는 이유가 있어야 한다. 중년아내들은 풋풋하고 싱그럽지도 않으면서 목소리만 높이고 남편에게 야단이나 치려고 든다면 집은 먼 곳일 수밖에 없다.

키스데이 같이 이름 붙은 날을 핑계삼아 아내의 야한 술(입술)을 남편에게 한 번 멕여 주면 어떨까? 그 날 밤만은 어떤 소원도 들어주는 노예가 돼 드린다고 하면 어떨까? 남편 앞에서 노래부르며 옷을 벗어 던지면 예쁘지도 않은 몸매라 놀라서 얼굴이 새파래질까?

받기만 하는 아내,
주기만 하는 남편

46

누가 섹스를 먼저 하자고 할까?

남편이나 아내 중에 어느 쪽이든 옆구리 쿡쿡 찌르냐가 중요한 게 아니라 그서 싸릿싸릿한 사랑을 나누면 그 뿐이다. 그런데 조사에 의하면 성관계 제의는 남성의 91.7%가 '본인', 여성은 88.7%가 '배우자'라고 답해, 열 쌍 가운데 아홉 쌍은 남편이 성관계를 하자고 하는 것으로 나타났다. 핏대를 올려가며 양성평등을 부르짖는 요즘, 사랑을 나누는 행위에서는 남녀가 불평등한 것 같다. 누가 먼저 요구할 필요 없이 자유로이 섹스를 시작할 수 있는 부부가 가장 행복한 부부일 것이다.

섹스는 왜 여자만 주인공이 되어야 할까? 섹스를 평가하는 사람은 여자이고 평가받는 사람은 꼭 남자여야 하는 걸까? 침대에서 주인공은 늘 아내고 남편은 조연이다. 얼마나 좋았냐고, 어떻게 해줄까 매번 물어 보고 섹스의 달인이어야 한다고 생각하는 쪽은 늘 남편이다. 매일 무슨 반찬을 해 먹나 고민하는 아내들

못지 않게 남편들도 침실에서는 아내 눈치 보느라 바쁘다. 늘 먼저 옆구리 찔러 대야하고 추근거려야 하고 건드렸다 딱지 맞으면 뾰루퉁 해서 엉덩이 홱 돌려 돌아누우면서 이불을 머리까지 뒤집어쓰는 남편은 거부당했다는 생각에 섭섭해하면서 삐지기 일쑤다. 남편들은 오직 내 아내를 만족시키는 것이 지상의 목표로, 하인처럼 희생하는 섹스를 하면서 아내가 행복해 하는 것을 보고 헛기침을 하며 으쓱해하면서 다음 날 당당하게 아침상을 받는다. 아내는 침대 위에서는 왕비가 되었다가 눈을 뜨면 하녀가 되는 거다.

그러나 한 번쯤은 남편들도 아내에게 한번 하자는 제의를 받아보고 싶다. 때로는 남편들도 밥보다 밤일에서 아내로부터 황제처럼 온갖 서비스를 받고 싶어한다. 그러나 우리나라 부부들은 오로지 남편은 리드하고 아내는 수동적으로 받아들이는 것이 정석으로 되어버려서, 중년이 되면 성관계는 싫증나고 지겨워진다. 받기만 하는 아내도, 주기만 하는 남편도 부담되고 피곤하기는 마찬가지다. 여성들이 오르가슴을 속인다는 사실이 누구나 아는 상식이 되어버린 것은 남성이 섹스를 리드하고 여성은 잠자코 따라가야 한다는 고정관념 때문일 것이다.

조사에 의하면 언제나 주도하는 여성과 전혀 주도하지 않는 여성은 성생활에 만족을 덜 느끼고 있다. 부부관계에 소극적인 여성들은 남편에게 화를 잘 내고 섹스를 불쾌하거나 불만족스럽게 느낀다는 것이다. 침대에서 섹스에 대해 표현하는 아내들 중 75%는 섹스에서 능동적이며, 수동적인 아내들보다 훨씬 성생활에 만족하고 있다. 어느 한 쪽에서만 요구하는 섹스에서는 만족을 못 느낀다는 얘기다.

“아내는 제 기분은 한 번도 생각 안 하는 거 같애요. 그저 자기가 하고 싶지 않으면 ‘싫다고’ 톡 쏘아붙이고 말아요. 제가 늘 먼저 하자고 그러기는 하지만 거절당하는 기분은 아마 아내는 모를 거예요. 남자는 속도 없이 늘 껄떡거리는 사람으로 취급하면 얼마나 자존심 상하는데요. 다 아내를 위해 해 주려고 그러는 줄 모르나봐요.”

자신과의 섹스를 달가워하지 않는 여성 앞에서 남성은 상처를 받을 수밖에 없다. 자존심을 다친 남자는 바람을 꿈꾸든지 자신의 무능력함을 자책하며 조루라는 덫에 걸려들 수밖에 없다.

“저도 하고 싶은 생각이 날 때가 있지만 그걸 어떻게 남편에게 말하겠어요. 남편이 날 어떻게 생각할 지도 모르는데. 그러니까 항상 남편이 하자고 해야 하게 되는 거 같아요.”

아내들은 달라져야 한다. 남편의 요구에 못 이겨 마지못해 하는 서비스가 아니라, 가끔은 자의로 섹스를 리드해갈 필요가 있다. 아내가 남편에게 어디를 어떻게 해달라는 말이 입에서만 뱅뱅 돌듯이 남편 역시 그렇다. 이제는 아내가 먼저 남편을 품에 안고 살살이 애무해 주는 슬기로움을 발휘해 봐야 할 때가 아닐까? 침대에서는 남편과 아내가 절반씩 리드해 갈 때 즐겁고 신나는 놀이가 된다. 여자가 어떻게 그러냐고? 이럴 때 남녀평등은 어디로 마실을 갔을까?

푸른 초목을 이불 삼아 낮거리를...

47

우리나라가 좀 살기시작하면서 사람들은 운동을 하기 시작했다. 운동하는 사람들의 목적은 건강하게 오래 살고 싶어서 하겠지만 보너스로 밤일도 오래하고 잘하게 된다. 주말마다 골프를 즐기는 사람도 있고 산에 오르는 사람들도 있는데, 그저 동네 야산을 오르내리며 건강을 다지는 사람도 있지만 하루에 대여섯 시간 씩 악산들을 악을 박박 쓰면서 기어이 정상을 보고야 마는 사람들도 있다. 이쯤 되면 매니아, 다람쥐, 산사람 등 거의 중독수준인데 이들만이 맛보는 야릇한 쾌감이 있다고 한다.

그런데 해발 5000m 이상 되는 산에 갈 때는 반드시 챙겨가야 하는 약이 있다. 그 이름도 거룩한 국산 발기부전치료제 자이데나. 발기가 시원찮은 사람들에게 꿈과 희망을 주는 약이다. 그렇다고 산에 갈 때 이 약을 가져간다면 거시기가 발끈발끈 화를 내면 아랫동네가 툭 튀어나와 바지가 텐트를 치면 볼썽 사납기도 하지

만 어떻게 잠재우려고 그럴까? 또 하나의 쾌감을 위해서? 그게 아니다. 고산지대에서는 폐로 가는 동맥의 혈압이 높아지면서 호흡이 가빠지고 답답해진다. 발기부전 치료제는 말초혈관에서 혈액이 빠지는 것을 막아 발기를 지속시켜주니까 높은 산에서도 폐 말초기관에 충분한 피를 보내줘서 혈압을 낮춰준다. 자이데나는 발기가 안 되는 사람들에게도 직빵이지만 고산병에도 즉효약이기 때문이다. 어떤 사람들은 발기부전 치료제를 정력제인 양 남용하면서 폐해가 잇따르고 있지만, 전문산악인들처럼 건전한 이유로 약을 찾는 사람들도 있다는 말이다.

"아니 해발 5000m 이상 되는 산이 우리나라에는 없잖아. 북한에 있어 쉽게 가보지도 못하는 백두산도 2744미터이고, 한라산도

1947미터밖에 안 되는데, 우리남편은 관악산 갈 때나 도봉산 갈 때나 북한산 갈 때도 응급치료약이라고 그 약을 챙겨가려고 하는 건 뭐냐구? 요즘은 산에 다니려면 새로 나온 약을 응급처치약으로 꼭 몸에 지녀야 한다더니 그게 발기가 잘 되는 약이었단 말이지? 내 이 인간을 어째야 좋아? 그러면 도대체 그동안 어디서 누구를 위해 그 약을 썼단 말이야?"

"내 친구 남편들은 골프 치러 가서는 18홀에다 한 홀을 더 쳐야한다고 하더라구. 그리고 운동 간 사람이 항상 깔끔하고 뽀송뽀송한 몸으로 집에 들어온다고 기분 나쁘다는 친구의 푸념을 들으면서 비싼 운동한다고 자랑하려는 줄만 알았는데 이게 바로 그런 거네… 남의 남편 흉보면서 비웃어줬더니 내가 딱 그 꼴이네… 돈 안 드는 운동한다고 기특하게 생각했더니만 딴 지꺼리하고 다녔단 말이지? 그런데, 발기부전치료제라면 다들 비아그라만 있는 줄 알았는데 국산도 그렇게 똘똘한 게 있단 말이네. 우린 보통 국산을 우습게 알잖아."

왜 남편들은 바깥 사람들을 좋아할까? 집(?)사람과 성관계는 돈도 안 들고 언제든 섹스가 가능하지만 짜릿함보다는 밍밍한 섹스에 그친다. 주위엔 젊고 섹시한 여자들이 널려있는데 아내의 모습과는 영 판 거리가 멀다. 남편들은 자기 자신의 모습은 생각하지도 않고 아내에게 은연중에 창밖에 많은 착한 몸매를 바라고 있다. 그래서 집에 들어와 화악 깨버리는 아내 모습을 보는 순간 실망하고 성적욕구까지 사그라든다. 게다가 살면서 이런 저런 문제로 트러블이 생길 때마다 남편의 무능력으로 돌리며 바가지를 긁는 아내에게 남편은 더 이상 성적 매력을 느끼지 않는다. 그런 아내의 바가지는 남편에게 잠자리 거부의 당당한 이유가 되어버린다. 그런 아내를 안을 수 있는 남편은 무척 자존심이 없는 남자일 것이고, 대부분의 남성들은 발기조차 하기 싫어 질 것이다.

옛날 말 하나도 틀린 거 없다. 그저 접시하고 남자는 내돌리면 깨진다는 바로 그 말. 그러니 남편은 다른 여자 못 보도록 집에 꽁꽁 숨기거나 가둬두어야 마땅하다. 그러나 돈은 벌어와야 하니 어쩔 수 없이 내보내야하는데, 장옷을 입힌 남편을 아내가 아침에 출근 시켰다가 저녁 되면 바로 회수해 와야 하고, 누구를 만난다면 따라가서 지키고 있다가 모셔와야 한다. 풀도 무성한 요즘, 남편이 산에 간다고 하면 응급처치약을 들고 따라가서 푸른 초목을 이불 삼아 낮거리(?)를 해도 좋겠지? 19홀은 아내와 함께…???

하면 되는 아내,
돼야 하는 남편

48

사람은 언제까지 섹스를 할 수 있을까?

남성은 대부분 지푸라기 집어들 기운만 있으면…, 문지방을 넘어갈 기운만 있다면…, 숟가락 몽뎅이를 들 수 있다면… 할 수 있다더라며 남성의 섹스능력을 전지전능한 것처럼 높이 평가되고 있다. 그러면 여성은 언제까지 할 수 있느냐고 물으면 아무도 선뜻 대답을 하지 못한다. 폐경이 되면 못하는 거 아닐까? 라는 자신 없는 대답과 생리가 끊어지면 여자도 아니라는 자조섞인 소리로 여성의 성적 능력을 비하하는 말뿐이다.

사람이 성적으로 가장 왕성한 때는 남성 17세, 여성 35살이다. 여성은 폐경이 되면 난소의 작용이 떨어지면서 여성호르몬의 양은 줄어들지만 부신피질로부터의 남성호르몬 분비가 남성보다도 절대량이 많아져 성적 욕구를 증가시킨다. 음핵이나 다른 성감대의 자극 반응은 변하지 않으나 질의 분비물은 줄어들고, 젊은 여성의 질 벽은 약 20~30층 정도의 세포층으로 튼튼하고 두꺼운데 반하여 폐경 후는 불과 대여섯층의 얇고 약한 세포층만 남게 되어 남성이 삽입할 때나 성교 중에 통증을 느끼게 되니 자연히 섹스를 멀리 하게 된다.

그러나 이제는 걱정할 것이 없다. 러브 젤 한 방울이면 깨끗이 한 방에 끝난다. 매끌매끌 거리는 것이 옛날에 시어머니 방에서 쓰던 참기름 병이 부럽지 않다. 게다가 약국이나 성인용품 샵에 젤을 사러가기 민망하다면 선인장 화분을 안방에 들여놓고, 잘라서 쓰고 또 잘라서 쓸 수 있으니 걱정이 없다. 이렇게 여자는 젤 한 방울 떨어뜨리고 '하면 된다'. 언제까지? 죽을 때까지.

반면에 남성은 '돼야 한다'. 중년남성은 고환과 부신피질의 위축으로 남성 호르몬의 분비가 적어지고 상대적으로 여성호르몬이 증가하여 성적욕구를 억제한다. 성적욕구의 원동력은 남녀모두 남성호르몬이다. 중년남편은 피부 감각이 둔해져서 아내의 손이 닿아도 짜릿한 감각을 못 느끼며 성욕이 떨어지고 발기력도 옛날 같지 않아 세월 가는 것을 실감하면서도 나이 먹은 것을 부정하기도 한다. 아무리 자타가 공인하는 변강쇠의 후손이라도, 성에 대한 무용담을 자랑하는 것이 오로지 낙인 사람도, 힘 자랑 횟수가 뜸해지면서 돌발 사태가 생긴다. 남성은 여성화되고 여성은 남성화되면서 섹스에서도 중년까지 계속 리드하던 남편이 아내에게 리드를 당하게 되는 것이 숙명인 것이다. 매스터스와 존슨(Masters와 Johnson)도 1966년도에 남자는 정신적으로 신체적으로 이상이 없는 한 80대 이상 지속되지만, 여자는 시간적 제한이 없다고 했다.

노화에도 불구하고 남성들은 자신의 성적 능력에 여전히 관심을 가지며, 여성을 만족시킬 수 있을 만큼 훌륭한 솜씨를 갖고 싫어하나 물건이 말을 안 들어 자괴감에 빠진다. 그렇지만 그런 일로 병원을 찾는 다는 것에 대한 어색함 내지는 민망함을 극복하지 못해 괴로워하는 딜레마에 빠진다. 그러니 갖은 보약을 찾게 되고, 온갖 희귀동물도 닥치는 대로 먹어 보지만 한 번 고개숙인 거시기는 벌떡 설 기미가 보이지 않는다. 이럴 때는 아랫동네 쪽이 전문이신 의사선생님의 도움을 받는 것이 백 번 좋을 것 같다. 챙피는 순간이요 발기는 행복이다. 바지를 내리기까지는 민망하지만 초음파로 심혈관에 이상이 있는지 없는지 샅샅이 밝혀낸 후, 이상이 없으면 발기부전치료제로, 이상이 있으면 자기 수세미에 자기가 주사하는 방법이나 공기를 집어넣어 강제로 잡아 빼서 하는 펌프도 있다. 그리고 약 먹고 기다리는 시간도 번거롭고 자기 음경에 주사기를 찔러대는 짓도 무섭고 펌프질도 다 귀찮으나 하고는 싶은 분들은 거금을 들여 음경보형물 삽입수술을 하면 감쪽같고 하고 싶을 때 언제든지 할 수 있다. 그러니 남성 또한 죽을 때까지 할 수 있지 않은가.

인생은 생각만큼 그렇게 길지 않다. 나중에 후회하지 말고 할 수 있을 때 최대한 잘 하는 게 가장 현명한 사람이다. 남자만 오랫동안 할 수 있다고 누가 먼저 퍼뜨렸을까? 태초부터 아내는 지푸라기 잡을 기운이 없어도 할 수 있지만, 남편은 의사선생님과 친해야만 할 수 있다는 걸 알아야 한다.

"아니, 정말 그렇단 말이지? 여자도 계속 할 수 있단 말이지?"

"애고애고 이제 난 죽었다. 아내가 자꾸 뎀비면 뼈도 못 추릴 거 같은데 어떡하지?"

의처증과 의부증이 만나면

49

의처증이 부른 어처구니없는

살인극인가? 자격지심의 표출인가? 아내의 불륜을 의심해 온 남편이 아내를 모텔로 유인해 목 졸라 살해한 사건과 의처증 남편이 잠자는 아내 둔기로 살해한 사건이 최근에 벌어졌다. 아내가 바람을 피우는 것 같다며 앙심을 품고 이같이 끔찍한 일을 저지른 것이다.

요즘 우리 사회는 기러기부부, 주말부부도 많아 의심하려면 한이 없으나, 같이 사는 부부들도 의처증이나 의부증이 있기는 마찬가지인 모양이다. 일반적으로, 의부증이나 의처증은 자신의 배우자가 불륜을 저지르고 있지 않은가 하는 의심을 극도로 하는 경우를 말하는데, 원래는 망상장애의 한 종류로, 논리적이고 이성적으로 설득하여도 전혀 변하지 않는 잘못된 믿음을 말한다. 주변에서 아무리 아니라는 이유를 댄다하더라도 자신의 생각이 잘못되었다는 것을 인정하지 않고 배우자 부정을 확신하고 있으며,

자기의 생각이 틀리지 않았다는 것을 정당화하기 위해 사소한 증거들을 모으거나 뒷조사를 하기도 한다.

핸드폰 통화내역을 조사하거나 문자 메시지를 뒤져보거나 수시로 전화를 해서 자리에 있는지 확인하기도 하고, 때로는 도청을 하거나 미행까지도 서슴지 않는다. 영수증 쪽지, 소지품, Y셔츠나 양복을 뒤져서 립스틱자국을 찾아내거나, 냄새를 맡는 등, 배우자의 부정 흔적을 찾으려 애를 쓰고, 자동차에 미터기를 확인하거나 심지어는 가상의 정부를 공격하면서 배우자의 부정에 몰두, 자백을 강요하기 위한 폭력, 협박, 녹음, 촬영, 몸 검사, 등도 스스럼없이 하다가 배우자와 갈등을 빚기도 하면서도 오직 사랑 때문이라고 호소하기도 한다. 성관계 횟수에 집착을 하면서 신혼 때보다 적어지면 자신을 사랑하는지 집요하게 확인하고 싶어하고, 계속

해서 배우자에게 부정을 실토하라고 추궁하며, 상대가 지쳐서 수긍할 때까지 다그치고 적개심을 가지며, 망상이 체계화되어 소설이 된다.

과거에는 '오델로증후군'이라고 불리기도 했는데, 세익스피어의 작품 중 '오델로'에서 오델로가 자신의 열등감으로 인해 아내의 부정을 의심하는 것에서 유래하였다. 망상장애, 질투형은 여자보다는 남자에게 더 많다고 알려져 있다.

"마음 같아서는 당장 이혼하고 싶지만 남편이 놓아주질 않아요. 결혼 전부터 여자관계가 복잡하던 남편은 이 세상에 믿을 수 있는 여자는 단 한 명도 없다고 생각해요. 연애할 때부터 저에게 집착을 보이기는 했지만 저는 저를 너무 사랑해서 그런 거려니 생각했어요. 아파트의 경비아저씨와 잠깐 이야기를 해도 '당신 바람 피웠지?' 한다니까요. 이렇게 더 살다가는 아마 제가 미치고 말 것 같아요."

집착은 상대방의 느낌과 상관없이 소유하고 싶은 자신의 욕망일 뿐이다. 모든 관계의 뿌리를 흔드는 가장 위험한 시발점은 바로 의심이다. 의심은 상대를 망치고, 자신을 망친다. 사랑하는 사람의 전부를 소유하고 싶다는 생각이 사랑하는 사람을 괴롭히며 질려버리게 한다. 미 NBC 방송은 미국 기혼자의 93%가 부부사이의 믿음을 성공적 결혼생활의 요소로 꼽았고, 이어 70%는 성생활 만족이라고 밝혔다. 우리나라 기혼자라고 크게 다르지 않을 것이다.

누구나 결혼할 때에는 성공적인 결혼생활을 하고 싶을 것이나 살다보면 그게 마음먹은 대로 되지 않을 때가 많다. 의처증이나 의부증도 처음에는 작은 겨자씨만한 의심부터 시작되었을 것이다. 일단 자신이 배우자에게 의심받고 있다고 느낄 때 빨리 오해를 풀어주거나 여전히 사랑하고 있다는 걸 보여주는 방법으로 섹스 한 방이면 싹 날려버릴 수도 있을 것이다. 배우자의 외롭고 괴로운 시간이 지나면 지날수록 돌아오지 못할 강을 건너게 되고, 뒤늦게 날마다 코피 터지게 섹스를 해 본들 말짱 도루묵일 것이다.

"여보, 내 친구들은 다 애인이 있다는 데, 나도 한 번 만들어 볼까?"

"당신이 그런 짓을 할 수 있다면 내 손가락에 장을 지진다. 이리 와. 내가 이뻐해 줄께…"

우리도 스와핑 한번 어때?

50

최근 수천 명에 이르는 회원을 모집한 뒤 부부간 성관계 상대를 교환하는 '스와핑'을 주선한 국내 최대 스와핑 인터넷 사이트가 또 다시 적발됐다. 모처럼 짜릿한 뉴스에 모든 매스컴이 개떼처럼 달려들어 가족의 붕괴니 성윤리가 땅바닥에 떨어졌다느니 하면서 집중 포화를 쏟아냈다.

원래 스와핑(swapping)이란 일정 기간 배우자를 바꾸어 사는 것을 말하고, 엄밀히 말해 부부교환 성행위는 스윙잉(swinging)이다. 스윙잉은 마치 원숭이들이 이 나뭇가지에서 저 나뭇가지로 옮겨다니듯이 이 침대에서 저 침대로 돌아다니는 사람들을 야유하는 뜻이다.

스와핑은 스파르타에서 사내아이를 잘 낳는 여자의 남편이 국가발전을 위해 마누라를 다른 사람들에게 빌려주게 되었고, 2차 대전 직후 미군 장교들이 나른한 일상에서 벗어나려고 고안해낸 Key Club게임으로, 숙소 현관 열쇠를 제비뽑기해서 다른 부인과 부부 맞교환 섹스를 즐긴 것이 시작이다. 그들이 만드는 풍경은 술을 겸한 간단한 식사로 1차를 시작한 뒤 노래방과 술집 등 2차로 자리를 옮겨 분위기를 서서히 띄운다. 취기가 오른 상태에서 이성을 맞바꾼 뒤 모텔과 펜션 등지로 이동해 관계를 갖는다.

인터넷의 일반화와 함께 음란사이트의 공세로 웬만한 사람들은 웬만한 자극으론 성적 흥분을 일으키지 못하는 면역력을 갖게 됐고, 한계효용 체감의 법칙처럼 시간이 갈수록 성적 자극이 무뎌지는 중년부부들에게 스와핑은 인기가 있다. 마치 자동차를 운전할 때 단조로운 고속도로보다는 볼거리가 많은 국도가 좋은 것처럼 스와핑은 누구나 꿈꾸는 일탈의 한 종류이니 다양한 종류의 쾌감을 얻을 수 있다. 다양한 사람을 만지는 것은 어쩌면 일부일처제에 얽매여 사는 사람들의 간절한 소망일 것이다. 그래서 스와핑은 지루한 부부관계를 갱신하는 묘약으로 평가된다. 게다가 서로 같이 잘못을 하므로 배우자에게 대한 죄책감도 느끼지 않으면서 성적인 환상을 충족시킴으로 새로운 활력소를 찾을 수 있는 좋은 방안이라고 여겨지기까지 한다. 더 놀라운 것은 스와핑을 즐기는 분들이 주로 전문직·고학력이라니 현재 우리사회의 성적 개방의식이 높아지고 결혼제도에 대한 태도도 달라지고 있음을 알 수 있다.

그러나 찰나의 희열은 혹독한 댓가를 치른다. 처음에는 아내가 다른 남자와 성관계를 갖는 것을 지켜보며 성적 흥분을 느끼지만, 아내가 낯선 남자와 히히덕거리거나 성행위를 하는 모습을 상상하면서 남편은 질투를 느끼게 된다. 게다가 여러 사람과 성관계를 나누다보면 자연스럽게 비교하게 되어 부부 성갈등은 더 커져 파국으로 치닫기 쉽다. 부부관계의 근본해결보다는 좀더 말초적이고 강렬한 성적 자극을 추구하는 재미로 잠시 덮어둔 것이기 때문에 언제든 갈등은 수면 위로 떠올라 서로를 공격하는 치명적 무기가 될 수 있다.

"호기심에 스와핑 사이트에 가입하고 해보려고 했는데 아내에게 말도 꺼내지 못했어요. 아내말고 다른 여성을 구해서 집사람인 척 하고 데리고 가려고 하는데 그것도 쉽지 않네요. 리얼하게 묘사된 스와핑경험담을 읽으면서 대리만족만 하고 있어요."

그런데 파트너 바꿔 섹스하기를 꿈꾸는 사람들은 놀라울 정도로 많다. 스와핑을 소재로 한 영화 제작사 조사에 의하면 '스와핑을 할 수도 있다'가 13%, '생각해보겠다'가 35%에 달해, 거의 반 정도는 스와핑에 긍정적인 반응이다. 부부가 합의해 하는 스와핑은 어디까지나 개인의 성적 자기결정권이다. 배우자의 의사에 반하는 것이 아니라 동의 하에 이뤄지는 것이기 때문에 스와핑을 처벌하면 행복추구권을 박탈하는 거라서 처벌도 하지 못 한다.

"여보, 오래 살다 보니 당신 살이 내 살 같은데 우리 스와핑이나 한 번 해 보는 게 어떨까?"

"으악…… 내 눈탱이…"

성감대 찾아 삼만리?

51

우리나라의 중년부부는 삽입 성행위에만 치중하는 경향이 있다. 과정은 무시하고 욕심만 채우려는 속셈인 것 같은데 사실은 애무도 목적인데 말이다. 서로에 대한 배려심이 적다고 할 수 있다. 전희는 상대방에게 주는 자극이 쾌감을 불러일으킬 수 있어야 하며, 그러기 위해서 우리의 숙제는 상대의 몸을 아는 것, 바로 너와 나의 성감대 찾아 정성어린 애무에 있다. 배우자의 성감대가 어디이며 그 감도가 어느 정도인지 파악하는 것은 방에 있는 스위치를 아는 것과 같다.

우리 몸에는 머리부터 발끝까지 수많은 성감대가 숨겨져 있는데 이를 평생 모르고 지내는 경우가 많다. 온 몸이 성감대로 가득 찬 악기라서 연주가가 어떻게 연주하느냐에 따라 명곡이 될 수도 있고 시끄러운 소리가 될 수도 있다. 성감대는 사람마다 조금씩 다를 수 있지만, 대체로 신체의 말단부위로 손·발가락, 귀, 턱선, 어깨선 등이 있고, 관절이나 그 반대의 접히는 부위로 목, 팔꿈치와 그 반대편, 무릎이나 그 안쪽, 사타구니, 척추 등이 있으

며, 신체의 구멍이나 오목 패인 곳인데 귀, 겨드랑이, 쇄골 안쪽 등이다. 이외에도 성감대는 옆구리, 허벅지, 종아리 등 수없이 많고 사람마다 조금씩 다르니 다른 사람의 성감대를 외워봤자 다 쓸데없는 짓이다. 오직 내 배우자만의 특별한 성감대를 찾아내 연주기법을 마스터하면 더 만족스런 섹스를 할 수 있다.

손가락이나 입으로 애무를 받을 때 특별히 기분이 좋아지거나 흥분이 되면 그것을 거침없이 표현하는 것이 중요하고, 애무하는 사람은 그곳을 머릿속으로 기억하여 활용하는 것이 좋다. 흔히 남성들은 여성들이 신음소리를 내거나 몸을 뒤틀면 더 흥분되는데 여성도 자신의 애무에 만족감을 표현해주면 더 흥분되는 건 마찬가지다. 그것은 아마도 상대를 기쁘게 하고 행복하게 해주려는 마음 때문일 것이다.

그렇다면 섹스를 할 때마다 머리끝부터 발끝까지 다 애무를 해야 할까? 너무 많은 시간을 전희에 소모해야 한다면 부담된다. 서로의 성감대를 찾아서 알아두었다가 몇 개씩만 조합해 자극하는 것이 좋다. 오늘은 요기와 조기, 내일은 여기와 거기로 하면 된다. 이런 변화를 준다면 성생활은 매번 새롭게 느껴질 것이다.

"솔직히 저는 봉사한다는 기분이 들어요. 저는 하나도 못 받고 아내에게 애무를 해 줘야 하잖아요. 물론 아내가 즐거워하면 저도 좋기는 하지만… 좀 귀찮기도 하고, 또 빨리 들어가고 싶기도 하구요."

"어떤 때는 아프기만 한데도 아무 말 못하고 참아요. 아이 좋아, 그렇게 해줘, 그건 싫은데라는 말을 하고 싶지만 차마 그 말이 안 나와요. 키스할 때나 성기를 손이나 입으로 애무해주면 거의 미칠 것 같아요. 그런데 다른 데를 건드릴 때는 그저 그래요. 열심히 애무해 주고 있는데 그만 하라고 그럴 수도 없고, 진짜 난감할 때가 있어요."

남성도 성감대가 있으나 남성의 성감대는 여성보다 관심을 덜 끌고 있어 딱하기 그지없다. 여자에게 애무를 해 줘야 한다는 것쯤은 상식이 되어버렸으나 남성의 성감대에 대해서는 강조하는 이가 없다. 남성도 애무를 받고 싶은 심정은 마찬가지일텐데 애무는 언제나 남성이 여성에게 해 줘야 한다고 생각 때문에 역차별을 받는다는 생각도 든다. 그러나 여성은 주로 받으려는 편이고 해주려는 마음이 별로 없는 이유는 여자가 너무 적극적이라는 느낌을 줄까봐 조심하는 것도 있고, 남성의 성감대를 오로지 페니스 중에서도 귀두 부분만을 인정하려드는데 있다. 남편이 부드러운 애무로 온몸의 세포를 깨워주길 바라듯이, 남편의 몸도 아내의 비밀스럽고 은밀한 자극을 간절히 원하고 있다는 걸 알아야 한다.

오늘밤에는 20년 동안 버림받아 곰팡이 쓸고 있는 남편의 요기조기를 침 발라가면서 진저리치며 좋아하는 곳을 찾아내던지, 거시기할 때 콧소리 내 가면서 남편의 보물창고를 물어보는 건 어떨까? 이 구석 저 구석 보물찾기가 너무 어렵다면서 어디를 어떻게 해 줄 때 까무러치겠는지를 꼬치꼬치 물어야 한다.

"아! 여기네...그치?, 여기였어? 어머머 이런 데가 그렇게 좋아?"

"아ㅇ..."

닭 먹고 알 먹으면

52

인간의 욕망만큼 찜통 같은 더위가 왔다갔다한다. 아내와의 사이도 후덥지근한데 날씨마저 쿵짝을 맞춰주고 있다. 이런 때 우리들은 보통 뭘 먹어서 해결하고 싶어한다. 성기 닮은 것들을 먹거나 동물의 성행위를 닮으려고 야생동물들을 찾아 나서기도 한다. 마치 새의 날개를 먹으면 날 수 있지 않을까? 와 같이 물개 수컷의 성기를 먹으면 물개같이 강해지지 않을까? 라는 주술적인 논리다. 그런데 먹어보니 효과가 발딱 나시던가? 기대하면서 먹고, 먹고 기다려도 안타깝게도 결과는 지불한 돈에 비례하지 않는다. 옛날 먹거리가 부족했을 때 는 고단백, 고지방 식품들이 기운을 돋운 것은 당연하나 먹거리가 풍족해진 요즘은 오히려 기름기가 혈관을 막아 정력 감퇴까지 초래한다. 결핍의 시대를 지나 과잉의 시대로 접어든 탓이다.

그래도 사계절 중에서 양기를 가장 많이 손상시키는 것이 삼복 더위가 기승을 부리는 요즘이다. 입맛도 없어 제대로 섭생을 하지 못하고 땀을 많이 흘리고 나른할 때 아내가 보양식이라도 마련한다면 대접받는 것 같아 코를 벌렁거리며 아랫동네에서 사랑이 꽃피지 않을까? 아무리 음식에서 뭘 기대하기는 어렵다 한들 정성은 남을 거 아닌가, 정성을 먹으면 벌떡은 아니어도 바람 빠진 풍선같이 서너 달 동안 방학을 하진 않을 것 아닌가? 한 마리 토끼만 잡아도 본전치기는 되는 셈이다.

우린 요즘 보신탕에 대해 먹으면 좋다느니, 절대 안 되느니 말들이 많고 개를 애완용으로 키우는 집들이 늘어나면서 스트라이크까지 벌리는 상황이라 멍멍이를 먹는 건 어쩐지 쉬쉬하면서 속 창자까지 다 아는 불알친구끼리만 먹어야 할 것 같다.

이것말고도 여름철 가정에서 보양식으로 삼계탕을 주로 먹는다. 닭의 날갯죽지는 초강력 발기촉진제이며 정력제이다. 옛 조선총독부 기관지 '조선'에 실린 '조선의 연중행사'에는 닭 국물로 만드는 소맥면, 즉 닭 칼국수가 기록되어 있고, 오늘날 삼계탕이라고 불리는 계삼탕은 "복날 먹으면 원기가 좋아지고 연중 어떤 질병에도 걸리지 않고 부자들은 거의 매일 계삼탕을 복용한다"고 적고 있다. 삼계탕에 들어가는 인삼은 체내효소의 활성화를 통해 신진대사를 촉진하기 때문에 지친 체력을 빠르게 회복시키는 효과가 있는 것으로 알려져 있다.

그전부터 사위가 처갓집에 가면 씨암탉 잡아준다는 것이 거저 생긴 유래가 아닌 것 같다. 장모님 마음이야 사위에게 어떻게든 우리 딸내미에게 밤일 좀 잘해 주라고, 기운 좀 써 보라고, 흥분은 하되 거시기는 빨리 하지 말아달라고 닭도 삶아 먹이고 계란 한 줄도 들려보냈던 것이 아니었던가.

미국 맨즈헬스지가 소개한 '슈퍼 섹스 푸드'에 계란을 꼽았다. 비타민 B가 풍부한 달걀은 침대 위의 남자를 차분하게 진정시켜 성급한 사정을 예방해주며 '잘할 수 있을까'하는 사전 스트레스를 줄이고, 성적 충동을 유지시켜준다. 계란이'콜레스테롤 덩어리여서 푸대접을 받고 있으나 노른자 속의 레시틴이 콜레스테롤 흡수를 방해해 수치가 올라가지 않으며, 약 30% 정도만 음식에 영향을 받기 때문에 걱정할 일이 아니라고 한다. 그야말로 닭 먹고 알 먹으면 남편 좋고 아내 좋고가 아닐까?

토종닭에 실 뿌리 인삼이라도 두서너 개 넣고 마늘까지 넉넉히 넣은 다음 아내의 사랑까지 듬뿍 담아 끓인다. 그러면 기름 동동 뜨는 삼계탕은 보기만 해도 아내의 정성에 기운이 팍팍 나서 땀을 질질 흘려가며 밤새 성의껏 답장을 해줄 것이다.

"그저 앵앵대기나 하고 고개 바짝 세워서 따지기나 하니 원… 일단 뭘 해 멕여 놓고 기다려도 기다려야지. 쌩짜로 뎀비면 뭐가 될 턱이 있어? 텍두 없는 소리지. 내 살도 뜨거워 죽겠는데 남(?)의 살까지 갖다 비벼대면 더 죽겠지. 그래도 땀이 삐질삐질 나더라도 걸판지게 해보는 게 소원이긴 해."

"여보, 당신 아까 삼계탕 맛있게 먹었지? 날개도 당신 다 준거 알지? 나 샤워할까?"

"으이구 안 먹구 말지…"

제4장 열정

냄새나는 아내, 향기나는 남편

53

여름철 땀 냄새는 정말 짜증난다.

사람은 직립하면서 몸에 털이 없어졌는데 아직 털이 남아 있는 곳들은 모두 주요 성감대이며 체취와 밀접하다. 사실 땀 자체는 냄새가 없지만 피부에서 떨어져 나온 세포가 박테리아의 서식처로 부패하면서 자기만의 독특한 살 냄새를 만들어내는 것이다.

겉으로는 번지르르한데, 사흘 낮 밤을 안 감은 듯한 머리냄새, 돼지우리, 하수구를 연상케 하는 입 냄새, 오징어, 묵은 김치 군내, 퀴퀴한 메주 곰팡내 나는 거시기냄새에 놀라게 되는 경우도 적지 않다. 샤워 안 하는 남편, 화장도 안 지우고 자는 아내는 정말 싫다.

본래 아포크린 땀샘에서 나는 냄새는 페로몬향이라고 해서 이성을 유혹하는 냄새로 알려졌으나 실제 이 냄새를 좋아할 사람은 많지 않다. 그러나 간혹 남들이 불쾌하게 여길만한 냄새를 즐기는 사람들도 있다. 나폴레옹은 조세핀의 독특한 체취가 그리워

서 “일주일 후면 돌아갈 것이니 그때까지 몸을 씻지 말고 기다려 주오. 당신의 냄새가 그립소.”라는 편지를 썼다고 한다. 영국의 에드워드 7세는 한술 더 떠 푹푹 찌는 여름날, 여자에게 두꺼운 옷을 입혀 산책을 시킨 다음 그녀의 땀 냄새를 즐기며 관계를 가졌다고 한다. 취향도 가지가지다.

사람은 숨을 쉴 때마다 약간의 입 냄새를 풍기는데, 유대인의 탈무드에 의하면 ‘구취를 가진 아내와는 이혼까지 할 수 있었다’고 한다. 안 하던 키스를 시도하려는 순간 입에서 발 냄새가 풍겨 온다면 무드가 깨지면서 모처럼 세운 그거까지 죽어버리기 쉽다. 나쁜 냄새는 오히려 상대방의 비위를 거슬리거나 있던 성욕도 달아나게 한다. 로맨틱한 순간에 키스나 애무, 섹스 도중 풍기는 냄새는 무드를 깨버리게 되므로, 상대가 표정이 바뀌며 행동이 변한다면 자신의 냄새를 의심해 봐야 한다. 그러나 코는 냄새에 금방 적응이 되어 버리기 때문에 막상 자기냄새는 잘 맡지 못한다.

"요새는 덥기도 하고 나른해서 한참 쉬다가 모처럼 맘먹고 무드 좀 잡고 아내에게 기막힌(?) 서비스를 하려는데 글쎄 요상한 냄새가 나는 거예요. 도저히 참지 못하고 그만두고 말았죠. 아마 눈치를 챘을지도 몰라요. 그래도 아내에게 당신 아랫도리 냄새가 지독하다는 말은 차마 못했어요. 알아서 없애야 하는 거 아닌가요?"

그렇다. 아내의 성기는 질을 보호를 하기 위해 외부의 감염 물질을 박멸하는 락트 산이 분비되기 때문에 금방 씻어도 세 발짝만 걸으면 시큼한 냄새가 나고, 조금만 자극하면 생명의 물(?)이 흘러나와 비위가 상할 수 있다.

그러나 기뷴이 상하기는 피차가 일반이다. 남편의 고환은 인체 내에서 자동온도조절장치가 가장 잘되어 있어 땀샘이 많아 여름만 되면 끈적끈적할 정도로 축축해져 사타구니가 바지에 쓸려서 아픈데다가 땀에 젖은 페니스 때문에 청국장 뜨는 냄새까지 나기도 한다.

후각은 강력한 무드 기억 효과를 갖고 있다. 뭐니뭐니해도 청결을 유지하되 자신만의 향기를 갖는 것이 중요하다. 상쾌한 향수, 은은한 비누향기, 순한 보디 클렌저가 유혹을 느끼고, 사랑을 부르며 섹스를 유도한다. 몸에서 풍겨 나는 살 내음… 신선하고 순하고 부드러운 느낌, 맡는 이에게 설레게 하고, 미치게 하는 향기들이다.

"사실 지난번에 나 토할 뻔했어. 그때 당신 안 씻고 뎀볐었잖

아. 입 냄새나지, 겨드랑이 냄새에 배꼽 아래냄새까지 정말 장난 아니야. 그거 모르지? 억지로 꾹 참았는데 정말 싫더라. 샤워하고 난 다음에 당신 살 냄새는 언제나 똑같애. 난 그 냄새가 좋아. 우리 결혼 전에 한 번 했었잖아. 그때 그 냄새가 나거든."

"그걸 기억해? 어이구 이쁜 거. 오늘 코피한번 터져 볼까?"

헐벗고 다니는 여성들

54

지나친 노출이나 밤길 외출이

성범죄 표적이 된다는 경찰청에서 배포한 성범죄 예방가이드가 구설수에 올랐다. 성범죄 동기를 여성에게 돌리려는 핑계라는 얘기다. 호주에서도 무슬림 성직자 힐랄리가 히잡을 입지 않는 여성들 때문에 성범죄가 발생한다고 말해 물의를 빚고 있다. 노출이 많은 여자는 겁탈 당해도 쌀까?

노출의 시대, 갈수록 과감해지는 여성들! 피서지에서는 물론이고 거리는 온통 헐벗은 젊은이들 판이고, 남들 시선보다 자신을 드러내는 데 거리낌이 없고 자신에 차있다. 단순히 배꼽만 보이던 노출은 재미가 없는지 갈수록 낮아지는 골반라인으로 속옷을 노출시키는 패션이 유행인 데다가 탱크 톱에 드러내는 브래지어 끈까지 정말 볼만하다. 그녀들을 게슴츠레한 눈으로 마치 훌륭한 조각품이라도 감상하듯이 힐끔거리는 중년남성들은 아래가 빵빵해져 아주 괴롭다. 가슴골에 배꼽에 허벅지와 팬티도 보이니 도대체 노출의 끝은 어디까지 갈까? 고대 그리스에서 배꼽은 여성의 정욕이 담겨져 있는 그릇이었으며, 구약성서 '아가'에 나오는 배꼽은 여자의 가장 은밀한 부위를 뜻한다. 고전에 배꼽은 예외 없이 성감대로 표현되었다.

"해수욕장에서는 더 환상이지요. 요즘 여성들 정말 대담하거든요. 보기 좋고, 가슴도 설레구요. 아슬아슬 보일 듯 말듯하면 정말 짜릿짜릿하고, 나도 모르게 만져보고 싶어지구요. 그저 고마울 뿐이죠."

"온 가족이 피서 갔다가 쌈만 하고 돌아왔어요. 늘씬한 여자들이 여러 명 비키니수영복을 입고 해변에 나타나니 그렇게 신이 나서 좋아하는 거예요. 정말 가관이더라구요. 그리고 짝 달라붙은 배꼽티에 흘러내릴 듯한 똥꼬치마를 입은 아가씨가 지나가니까 내가 옆에 있는데도 계속 쳐다보더라니까요."

아내들이 자존심상해 말을 안 꺼내서 그렇지 집집마다 이런 경험 한두 번씩은 있을 것이다. 여성의 노출은 그만큼 남성들의 마음을 뒤흔들기 쉽다. 흔히들 남자는 성적인 욕구를 쉽게 제어 못한다고 말한다. 여자는 청각과 촉각 때문에 흥분하고, 남자는 시각 때문에 흥분한다는 말처럼 남성의 성충동은 시각적 자극을 통해 민감하게 반응을 하기 때문에 섹시한 여자를 단순히 성적 대상으로 보기도 한다. 육체적 매력에 끌리게 되면 시도 때도 없이 찾아오는 성충동, 자기 스스로 죄의식을 느끼면서도 번번이 실수를 되풀이하고 싶은 남자들이다.

옛날에도 외설하면 연상되는 것이 빨래하는 여인의 걷어붙인 팔다리를 훔쳐보는 일이었다. 혜원 신윤복이 풍속화 소재로 선호했던 것이 바로 노출시킨 팔다리였다. 그래서 십 년 수도 끝에 우화등선하게 된 신선이 하늘을 날다가 빨래하는 여인의 노출된 다리를 보고 추락했다는 설화도 있다.

그러나 이제 세상이 달라졌다. 여성들은 어디까지나 자신을 표현하는 것이지 남성을 유혹하려는 뜻은 아니라는 것이다. 그렇지만 남성들은 여자들의 미니스커트와 배꼽티는 남성들의 시선을 의식해서라고 오해하고 싶어한다. 한쪽은 유혹을 당하고 싶다고 하고, 한쪽은 그런 일 없다고 한다. 길거리에서 노출이 심한 여성을 보고 슬쩍 잘못 건드렸다가는 큰코다치는 수가 있다.

괜히 나잇살이나 먹은 분들이 미끈한 젊은이들 앞에 만져보려다가 우스운 꼴 되지 말고 참을 땐 참아야 한다. 어느 날 아내가 발목까지 오는 홈드레스를 훌러덩 벗고 핫팬티를 입고 있다면 다리 한 번 만져봐야 한다. 집에서는 참지 말아도 되는데 너무나 잘 참는 남성들이 많다. 그런데 51%의 남성들이 전혀 성 충동을 느끼지 못하는 여자는 뚱뚱한 여자라는 것이다. 세 겹으로 접히는 뱃살에다 씨름꾼 같은 다리를 가진 튼실한 아내는 욕구가 쉽게 생기지 않는다는 얘기다. 그러니 어쩌겠는가? 아내들은 무슨 수를 써서라도 살을 빼는 수밖에…

비 오는 날의 낮거리

55

장마는 끝났다는데 왜 이렇게 비가 계속 되는걸까? 장마 빰치는 요즘 호우, 특히 서울과 일부지역에는 8월 들어 하루도 거르지 않고 비가 내리고 있다. 게다가 낮에는 죽어라하고 비가 내리고 밤에는 어울리지도 않게 열대야까지, 이게 뭐 하는 조화 속인지 모르겠다.

요즘 같은 계절은 자연의 이치상 잎을 무성히 피운다고 뿌리의 힘을 다 써버린 상태다. 더운 여름에는 아무리 사이좋은 잉꼬부부라도 멀리해야 건강한 여름을 날 수 있다. 그렇지만 너무나 하고 싶을 땐 어떻게 해야 할까? 물론 해야 한다. 그리고 나서 잘 먹고 잘 자고 잘 쉬면 되지만 그렇다고 매일 하거나 하루 두 번씩 하면 안 된다. 내 살들끼리 엉겨 붙는 것도 부담스러워 댓자로 누워서 애꿎은 선풍기만 빙빙 돌려대는 요즘, 조사에 의하면 '한 여름 섹스는 피하고 싶다'는 사람이 49%가 넘는 것으로 나타났다.

그러나 비 오는 날이면 섹스하고 싶다는 남성들이 많다. 비 내리는 날은 정액이 맑고 햇볕이 쨍쨍한 날보다 정자의 수가 훨씬 많고, 정자가 쌩쌩해지는 날이라는 것이다. 비 오는 날은 가벼운 유혹만으로도 섹스로 이어지기 쉽고 더구나 임신도 잘 된다고 한다.

중년이 되면 공휴일이라 해도 밥을 같이 먹을 사람은 오직 두 사람뿐, 어쩌다 한번 다 큰 자식들에게 놀아달라고 신청해보지만 번번이 퇴짜만 맞고 머쓱해지곤 한다. 그렇다고 어거지로 야단쳐가며 같이 놀 수도 없는 노릇이니 재미는 없지만 그저 둘이서 노는 수밖에 없다. 그러나 이때 마침 비가 내려준다면 더위도 한풀 꺾기고 분위기도 잡고 고맙기 그지없다.

한낮의 섹스는 사람들의 눈을 의식해야 하므로 그만큼의 긴장감이나 스릴이 있다. 그러나 인간은 낮에 일하고 밤에는 자는

생채 리듬이 몸에 있기 때문에 교감 신경이 활발한 낮에는 섹스가 억제되기 마련이어서 가끔씩 발기가 안 되는 경우가 생기니 부교감 신경을 활성화시키기 위해 인위적으로 밤의 상황을 만드는 것이 좋다.

벌건 대낮에 낮술 한잔 걸치고 창문 커튼 두 겹 다 닫고 하는 섹스는 어떨까? 비를 좋아하는 부부라면 아마 장마 때만큼 애틋한 시간이 없을 것이다. 하늘이 빵꾸가 낫는지 주룩주룩 오는 빗소리를 들으면서 '돈 없으면 집에 가서 빈대떡이나 부쳐먹지…' 하면서 흘러간 뽕짝을 흥얼거리면 가라앉으려던 기분이 붕 뜨게 마련이다. 부침가루 물에다 개고, 애호박에 파 숭숭 썰어 넣던지, 김치쪼가리 쭉쭉 찢어 넣어 부치며 기름냄새 풍기면 눅눅해진 집안에 활기가 찬다. 젓가락만 달랑 들고 있던 남편이 눈치 빠르게 봄에 담근 과일주를 꺼내니 달착지근한 맛에 주거니 받거니 하다보면 알딸딸해지면서 전혀 '아니올씨다' 였던 상대가 이뻐보이고 미더워보이면서, 숨이 가빠온다.

낮에는 술기운이 쉽게 돌아 알코올 효과가 커서 점심 때 마시는 반주가 가장 잘 취한다. 술상 옆에 밀어놓고 달궈진 몸이 한바탕 엉키고 나면 나른한 오수에 빠져 더 이상 부러울 게 없다. 반드시 안방이 아니어도 좋다. 집안 곳곳이 다 러브호텔이 되어 쏟아지는 빗소리를 들으며 나누는 섹스는 무척이나 자극적이다. 다 큰 아이들이 대낮에 들어올 리 없지만 그래도 조마조마 아슬아슬한 재미 또한 새롭다. 쓸데없는 행인들이 초인종만 안 울린다면 환상 그 자체일 것이다. 중년부부들은 비 온다고 우울해 하기보다는 돈 안들이고 무드 있는 섹스타임을 즐기면 된다.

"나이가 드니 비 오는 날이 좋아졌어요. 언젠가 비 오는 날 낮에 발동이 걸렸는데 밖이 훤하니 신경이 쓰이더라구요. 그래서 커튼을 쳤더니 생각보다 좋던 걸요. 첫째는 아내가 빗소리 덕분에 맘놓고 소리를 내는데 저는 그 소리에 더 흥분이 되구요. 또, 옆집 신경 안 써도 되구요."

"비 오는 날이면 기분도 꿀꿀하고 딱히 할 일도 없을 땐 섹스가 땡기죠. 샤워하자마자 살이 뜨거워지기 전에 얼른 하고 나서 나른할 때 두어 시간 자고 나면 가뿐하고 좋아요."

그것도 어쩌다 한 번이지, 요즘 같은 장마에 허구헌날 부침개 부쳐놓고 술 상 봐 놨으니 일찍 오라고 전화하는 아내는 뭐냐구? 에구, 제 명에 못 산다구요…

개구리랑 같이 한 섹스

56

처서가 이미 지나고 여름휴가는 저만치 가고 있다. 피서 덕분에 썸씽을 만들어 새록새록 사랑이 넘치는 부부들도 있는가하면 화만 돋우고 아픈 생채기만 남긴 부부들도 있을 것이다. 어린 아이들이 있을 때는 아이들 뒤치다꺼리 해주느라 부부는 대충 지나가도 그런대로 묻히지만 아이들이 커버린 중년은 부부사이가 특히 더 중요한데 섹스에 대한 흥미가 줄어든 부부라면, 열정을 되살릴 뭔가가 필요하다.

그 중 하나가 섹스를 반드시 방에서 해야 한다는 고정관념을 버리는 순간 비로소 자유를 느끼며 세상이 즐거워진다. 늘 안정적이고 평온했던 침실을 벗어나면 기대했던 것 이상의 짜릿한 쾌감과 스릴을 느낄 수 있고, 일탈의 본능이 솟구친다. 야외 섹스는 매너리즘에 빠진 커플에게 신선한 자극을 주고 기대이상으로 격렬하게 타오르게 된다. 충동과 무모함이 더해져 색다른 흥분을 만끽할 수 있는 아웃도어 섹스.

섹스란 본디 은밀한 것이라 남의 눈을 피해야 하지만, 누군가에게 자신들의 은밀한 행위를 들킬지도 모른다거나 누군가가 훔쳐보고 있을지도 모른다는 생각 때문에 흥분되며, 위험과 모험은 최음제가 된다. '에로틱 마인드'라는 책을 쓴 존 모린은 '사람들은 약간 불안정하고 불확실하며 환희와 재앙 사이에 위험하게 걸쳐 있을 때 가장 강력하게 흥분한다'고 말하였다. 모린의 방정식은 자극 플러스 장애물은 곧 흥분이라는 것이다.

조사에 의하면 성인 남녀 40%가 한 번쯤 해보고 싶은 섹스로 야외섹스에 동그라미를 쳤다는 것이다. 젊었을 때는 닭살부부라는 애칭까지 있을 정도였던 부부도 나이 들면서 밋밋하고 무관심해 권태로운 부부들은 한번쯤 따라해도 좋을 것이다.

야외 섹스는 우리조상들도 즐기는 편이었으며, 예로부터 건강한 정사로 불려졌다고 한다. 조선후기 춘화들을 보면 시냇물이 흐르는 정자 위에서, 달밤에 부엉이 울고 대청마루를 침실 삼아 정사를 벌이거나 풍광이 좋은 산천을 배경으로 섹스를 즐기는 모습을 보게 된다. 자연과 남녀의 몸이 하나가 되는 음양의 조화로 야외정사는 자연스러운 풍경으로 여겨졌던 모양이다.

예전에 에로틱 공간이라면 추수철을 앞둔 보리밭이나 물레방앗간과 폭포가 단연 으뜸이었다지만 지금은 해변가의 밤이나 계곡도 좋을 것이다. 파도 소리, 풀벌레소리에 먼데서 간간이 들리는 인기척 등은 없어선 안될 야외섹스의 묘미이다. 물위로 얼굴만 내민 채 물 속에서 하는 은밀한 지꺼리, 산책길에 밤바람 즐기며 껴안은 채 걷다가 나무에 기대고 하는 키스, 인적 없는 밤바다나

으슥한 리조트 풀장 근처에서 들리는 가쁜 숨소리는 영화 속에서만 가능한 것은 아닐 것이다. 바람소리와 남녀가 하나가 되는 자연의 하모니로 사랑을 느끼고 태초의 사랑을 나눈다면 그 로맨틱한 무드는 집으로까지 이어져 더 없이 좋은 사이가 될 것이다.

"낮에 젊은것들이 노골적으로 애정표현 하는 건 눈꼴셔서 못봐주겠던데, 우리도 해 보니 아주 환상적이더라구요. 깜깜한데다 인적은 없었지만 밖에서 한다는 게 좀 불안해서 소리를 죽이면서 하는데 개구리가 덩달아 소리를 내 주는 거예요. 정말 다른 때와 달리 짜릿짜릿 했었다니까요."

"아무리 경치 좋은 데로 피서를 가면 뭐 하냐구. 아무 짓도 안 하고 그냥 잠만 퍼 잔 걸. 모처럼 집 떠나서 그런 곳에 갔으면 기분도 들뜨고 분위기도 달라졌으니 한 번이라도 해야 하는 거 아니냐구? 기다리다 기다리다 마지막 날 밤 내가 못 참고 먼저 건드렸는데 '왜 이려냐'며 '잠이나 자라'고 팔을 툭 치는데 나 참 기가 막혀서… 사흘동안 얌전하게 옷 다 입고 자고 왔대는 거 아냐."

'어느 집인지 당분간 고달프겠네…'

거짓말, 그 때 그 때 다르다구?

57

요즘 학력을 속인 유명인들

때문에 시끄럽다. 아직 발각되진 않았지만 발이 저린 사람들도 꽤 있을 것이다. 성경에 나오는 십계명의 네번째인 거짓말도 습관이 될 수 있다. 처음엔 별거 아니었지만 거짓말은 거짓말을 낳고, 또 낳고 해서 눈덩이처럼 커지는 게 거짓말이라 부부사이에서도 불행의 싹은 거짓말에서 시작된다.

거짓말 한 지 20여년이 된 중년들이 많다. 없으면 죽고 못 산다며 여러 친지들을 모신 자리에서 어떠한 경우라도 항상 서로를 사랑하고 존중하며 살겠다며 혼인서약을 하고 인생의 무덤(?)을 팠지만 어느 덧 엄청난 거짓말이 되어버렸다. 깨 쏟아지는 단꿈은 신혼 때 아주 잠깐이고 서로 지겨워하면서 살아가고 있다. '젊었을 때는 다시 태어나도 당신하고 결혼하고 싶어, 당신이 죽으면 나도 따라 죽을 꺼야'라고 그때 기분에 충실했지만 중년이 된 지금은 그런 말은 까맣고 빨간 거짓말이 되어 버린 지 오래다.

다시 태어나도 지금의 배우자와 결혼하겠냐고 물으면 절대로 다시 태어나고 싶지 않다고 말한다. 물론 슬기롭게 권태기를 극복하고 남다른 부부애를 유지하면서 살아가는 부부도 있고, 결혼 후가 더 행복하다는 거짓말 같이 샘 나는 부부도 더러 있지만 대부분의 중년부부들 마음은 물음표다.

다른 이성과의 만남처럼 눈앞의 달콤함이 큰 경우 부부는 서로에게 거짓말을 한다. 시간이 갈수록 거짓말의 기술은 늘겠지만 반복된 거짓말은 부부관계를 악화시킨다. 자신에겐 쾌락을 주더라도 상대방에게 상처로 남을 거짓말이다.

발기가 안 되면서 아내에게 솔직하게 털어놓지도 못하고 그

렇다고 병원도 안 가면서 밤마다 피곤한 척, 아픈 척, 자는 척하는 남편, 사정을 하고 싶었지만 못했으면서 사정한 척 슬그머니 끝내는 남편, 출장을 간다면서 유난히 들떠서 아내에게 살가운 스킨십에 달콤한 키스까지 해주고 나가서는 그 날 밤으로 신의를 저버리는 남편, 외박을 하면서 상갓집에 있다는 남편, 룸싸롱에 가서 아가씨들에게 온갖 짓을 다 하고도 호프집에서 간단하게 한 잔 했다고 둘러대는 남편들의 거짓말과 이에 뒤질세라 성에 대해 무지한 척, 잘 모르는 척하는 아내, 헬스장코치나 골프코치와 따로 만나 할 짓 다 하면서도 그냥 친구 만났다고 말하는 아내, 남편이 성관계를 요구할 때 몸이 아프다고 거짓말로 피하는 아내들의 거짓말.

그런데 사랑과 믿음을 전제로 한 거짓말은 때로는 명약이 된다. 아내의 눈물겨운 거짓말! 부부관계 후 만족스럽지 못해도 가짜 오르가즘 쇼를 자주 연출하는 아내, '당신이 최고다'라고 치켜세우는 아내의 거짓말에 고맙기 그지없는 남편…

"그전부터 성관계가 즐겁지 않아 불만을 말하고 싶었지만 쑥스럽기도 하고 남편이 오해할 것 같기도 해서 말을 못했어요. 그런데다가 남편은 저를 매번 만족시켜준다는데 자부심까지 느끼고 있거든요. 남편이 상처 받을까봐 자꾸 가짜 오르가즘으로 속이게 되는 것 같아요."

"그걸 하다가 시동이 꺼진 거예요. 남편이 민망하겠다싶어 얼른 둘러댔죠. '내 친구네 남편은 아예 시작도 못한지 오래래. 누구 네도 그렇고 누구 네도 문 닫은 지 오래됐대. 우린 양호한 거야. 다음에 내가 도와줄게.' 그랬더니 아주 좋아하더라구요. 의기소침해지면 영영 못할 수도 있잖아요."

그런가하면 솔직함이 오히려 독약이 될 수도 있다. 속이는 것이 없어야 사랑이라고는 하지만 상대방이 받아들이기 힘든 비밀을 다 털어내는 쓸데없는 솔직함은 오히려 관계를 어긋나게 하고 오해의 골만 더 깊어지게 한다.

"차라리 몰랐으면 좋았을 일이었죠. 짚이는 게 있어서 제가 모든 거 용서해줄 테니 솔직하게 말해보라며 다그쳤다가 철없는 아내가 탈탈 털어놓는 거예요. 그 소리를 듣는 순간 눈앞이 깜깜했죠. 말해보라고는 했지만 아내가 거짓말을 하길 기대한 제가 잘못인가요?"

그럼 어떻게 살라는 거야? 그 때 그 때 다르다구?

이메일 연애는 지워도 살아난다구?

58

요즘 나랏님까지 나서서 변명하는 떠들썩한 이메일 연애가 온 나라를 뒤흔들고 있다. 중년들이면 다 알만한 '눈물로 쓴 편지'라는 노래가 있다. '눈물로 쓴 편지는 보이지가 않아서 읽을 수가 없고, 지우지 못하니 고칠 수가 없고, 너무 빨리 말라 붙일 수도 없고, 내 마음 같아 버릴 수가 없다'며 애절했건만… 이메일로 쓴 편지는 보낼 수도 받을 수도 있으며 볼 수도 읽을 수도 있고, 고칠 수도 지울 수도 있다. 게다가 더 특별한 건 지워도 지워도 지워지지 않는다니 본드로 붙인 연인 사이라서 그런 걸까?

그런데 도대체 삭제한 이메일 연서를 어떻게 살렸을까? 이메일이 삭제됐다는 표시만 해놓아 화면에선 사라져도 컴퓨터엔 고스란히 남아있어 전문 소프트웨어를 이용하면 저장된 이메일은 수 시간 내 복구가 가능하다고 한다.

이런 일련의 권력자들의 부적절한 만남에 대한 뉴스를 보면서 많은 여자들은 헷갈린다. 개중에는 배우자 외에 다른 사람과 편지를 주고받은 적이 있는 사람이라면 동정도 하겠지만 대부분은 부러움 반에다가, 들켜서 망신살이 뻗친 데 대한 고소함 반일 것이다. 엄청난 나이 차를 극복하고 고가의 선물까지 받아가면서 어떻게 그런 신데렐라가 될 수 있을까? 당사자야 죽을 맛이겠지만 참으로 호기심이 자꾸자꾸 생기는 흥미진진한 이야기다.

그런데 그동안 잊혀졌던 비스므리한 사건이 다시 생각난다. 미모의 로비스트가 고위 인사들과 부적절한 관계를 맺고 로비를 한 사건으로 그들이 주고받은 러브레터가 공개되면서 세간의 뜨거운 관심을 받았었다. 물론 그 때는 친필로 써서 우표 붙여 보낸 연애 편지였고, 무소불위의 권력을 가진 나이든 남자의 애절한 사랑 놀음이 보통 우리네들의 상식을 깬 때문이었다.

외국에서도 프랑스 미테랑 대통령에게 '슬픔이여 안녕'으로 유명한 여류작가 프랑스아즈 사강이 향기가 폴폴 나는 편지를 보냈고, 그 편지에는 미테랑에 대한 그리움과 그동안 로비스트로서 미테랑에게 해 왔던 청탁 등에 대한 이해와 용서를 바라는 내용이 들어있었으며 르몽드지를 통해 확인되어 파장이 컸었다.

이젠 남의 연애사건은 샘 나지만 그만 들여다보고 중년부부들은 자신들의 삶을 반추해봐야 한다. 아내는 남편에게 어떤 형식으로든 편지를 주고받았는지? 젊은것들이 하는 '사랑한다'는 말을 자주 해 준다거나 뽀뽀나 키스나 스킨 십은 자주 하지 못한다 할지라도 하다 못해 포스트 잇을 여기저기에 더덕더덕 붙여도 좋을 것이다. 화장대에는 하트모양, 목욕탕 거울에도 입술 자욱,

냉장고 쪽지에도 뭐 뭐 챙겨먹으라면서 맨 밑줄에 '사랑해요', '이해해줘서 고마워요.'라도, 제일 간편한 문자 메세지라도, 젊은 부부들이라면 충분히 하고 있을 것만 같은 이메일 편지를 다른 사람들에게는 업무상으로 주고 받아왔지만 부부가 사랑이 담긴 글을 주고받았는지 한번쯤 돌아볼 일이다.

컴맹이라면 연필 꼭꼭 눌러 쓴 편지나 볼펜 똥 닦아가며 정성껏 아내나 남편에게 써 바친 적이 있는가? 안써 버릇해서 서너 줄 쓰고 나면 할 말이 없다하더라도, 특별한 날엔 작고 앙증맞은 카드라도 써서 기꺼이 얼굴 뜨시고 민망해져보는 것도 좋으리라. 보통의 부부들은 이메일 복원할 일도 없을 것이고, 주고받은 연애편지를 뺏길 일도 없으니 염려말고 사랑을 확인하면 좋을 것이다. 혹시나 '메디슨카운티의 다리'처럼 자식들이 부모의 사랑편지를 모아 책을 출판해줄지도 모르는 야무진 꿈도 가져보면서, 진한 사랑이야기도 섞어 써 보낸다면 받는 사람은 몇날 며칠은 콧노래 부르며 살 수 있지 않을까?

"언젠가 생일선물 속에 넣어있던 작은 카드 속에 '사랑한다, 고맙다'는 말이 적혀있었어요. 그래서 그걸 버리지 못하고 서랍 속에 잘 두고 있어요. 가끔 읽어보면 웃음이 나죠."

"아내와 크게 싸운 적이 있는데 마침 그 때 아내에게 제 솔직한 마음을 이메일로 길게 써 보냈어요. 그러고 나서 어떤 반응일까 궁금하고 초조하게 기다리는데 아내가 감동 받았었나 봐요. 눈물까지 글썽이며 화해를 청해왔는데 어찌나 고맙던지요. 저희 그 날밤 엄청 뜨거웠잖아요."

당신은 괜찮은 거지?

59

지금은 남녀 불륜 스캔들로 대한민국을 뒤흔들고 있다. 이들의 부적절한 관계를 한국의 팜파탈(femme fatale)로 묘사하고 있다. 남성을 유혹해 죽음이나 고통 등 극한의 상황으로 치닫게 만드는 '숙명의 여인'을 뜻하는 말이다.

하루 이틀이 아니라 워낙 연일 시끄러운 뉴스들 때문에 이 땅에 아내들은 처음에는 거짓말을 한 여성을 흉보다가 잘 나 보이기도 하고 슬그머니 부러워 샘내다가 이젠 바로 옆에 자고 있는 남편들을 돌아보게 되었다. 지극히 공인인 사람들이 불륜을 저질렀다는 사실에 '설마 내 남편도?'라는 불안한 생각이 들 수 있다. 왜냐하면 사랑은 나이와 신분, 국경, 진실을 뛰어넘는다는 것을 새삼 깨닫게 해주었기 때문이다.

그런데 중년 남성들 사이에선 바람 핀 남자의 마음이 이해가 된다는 식의 반응도 있다. 권력, 명예, 돈을 모두 성취한 중장년 남자가 인생에서 찾을 수 있는 만족은 성적인 것밖에 없으며 섹시한 매력을 가진 어린 여자라면 인생을 걸어 보고 싶다는 것이다. 이게 말이나 되는 소리냐고 여성들이 핏대를 올려본들 남성들의 공통된 바램이라는데 어쩌랴.

사회적으로나 경제적으로 어느 정도 자리가 잡힌 중년들은 외면적으로는 별 문제 없어 보이지만 앞으로 자신의 에너지를 어디에 쏟을지 몰라 방향을 잃고 정신적인 공황에 빠지게 된다. 나이는 엘리베이터의 속도로 돌진해오고 자꾸 허전하기만 한 40~45세의 80%가 심리적 위기를 경험한다는 정신분석·심리학적 연구결과가 이를 뒷받침 해 준다.

자신이 늙어가고 있다는 것에 대한 막연한 불안감 때문에 여

전히 쓸 만하고 살아있음을 증거하고 싶어 섹스에 집착하면서 자신을 남자로 바라봐 주는 젊은 여자를 통해 걷잡을 수 없는 사랑의 감정에 휘말리게 된다. 게다가 중성화되어 가는 아내와 달리 세련된 화술과 매너 그리고 성적 매력까지 갖춘 여성이 나타나면 바로 사랑에 빠질 수밖에 없다.

그러니 맥놓고 있다가 많은 아내들이 뒤통수를 맞을 수도 있다. 그 잘난 힐러리는 클린턴이 르윈스키와 불륜사실이 들통났을 때 "나는 그를 사랑한다"고 꿋꿋한 모습을 보였지만 5년 후 그녀의 자서전 '살아있는 역사'에서 '사실은 말문이 막히고 숨을 쉴 수가 없었고, 목을 비틀어 죽이고 싶었다'고 고백했다. 예로부터 시앗을 보면 길가의 돌부처도 돌아앉는다고 했다. 남편이 첩을 얻으면 아무리 점잖고 무던한 부인네도 시기를 한다는 건 이미 부처님이 증명해주셨다.

불안한 아내들은 뒤늦게 남편을 챙겨보고 찔러본다. 마음 같아서는 남편을 무장해제 시킨 채 아랫동네를 불심검문이라도 해서 현미경으로 샅샅이 들여다보고 헤집어보고 싶은 심정이지만 한편으로는 '내 남편만은 그 문제에서만은' 깨끗하다고 철석같이 믿고 싶다. 과거의 경력으로 보아 약간은 미심쩍은 부분이 있는 남편의 아내들 역시 우격다짐으로라도 아니기를 바라며 바람 피는 남자들을 싸잡아 욕하고 싶어하며 남편에게 들어 보라고 큰소리로 떠들어댄다.

"신문이니 방송이니 난리네 난리야. 남자들은 그저 치마만 두르면 들이 대 본다더니 그 말이 딱 맞나보네. 그러니 젊고 예쁜고 유식한 여자들한테야 다들 뿅 가겠지? 당신 어떻게 생각해? 말해봐."

"…………………….."(당연하지…)

"당신도 주룩주룩 비가 내리는 날이나 바람 부는 날이나 눈이 부시게 푸른 하늘을 보면 마음이 이상해져? 누군가가 그리워지고 만나서 커피 한 잔 하고 싶고 그래? 당신 솔직히 말해봐. 설마 뭐 책잡힐 짓 한 거 없지? 내가 모르는 거 있으면 빨리 말해. 나중에 망신당하지 말고… 지금 말하면 내가 다 용서해 주고 깨끗하게 마무리 지을테니 이실직고 해 봐. 당신은 괜찮은 거지? 믿어도 되는 거지?"

"………………………."(말못해…)

명절이 즐거운 아내들

60

추석 귀향 길은 휴일

이 여러 날이라 분산되어서 소통이 원활하다고 텔레비전이나 라디오 뉴스마다 시끄럽게 떠들어댔다. 차가 안 막힌다고 추석 며칠 전부터 시댁에 가고 싶은 며느리가 있을까? 중년이 되면 빨리 자기네 집에 가고 싶은 남편과 신경전을 벌이면서 버틸 대로 버티다가 폭발하기 직전에 아내는 입술이 툭 튀어나온 채 마지못해 따라나서기 일쑤다.

그러나 입장이 다르면 마음도 다른 법! 추석이 다가오면 부모들은 자식 만날 날만 손꼽아 기다린다. 이때 부모들이 애타게 기다리는 것은 부양 의무에 대한 책임감 때문에 적당히 거리를 둔 아들들이 아니라 사랑 받고 싶어 수시로 친밀감을 표시하는 곰살맞은 딸들이다. 정성 들여 키운 아들은 왠지 모르게 계속 줘야만 할 것 같고 대충 키운 딸에게는 은근슬쩍 그냥 받아도 될 것 같은 맘인지도 모른다.

이번 추석에는 시댁과 친정 중에 어딜 먼저 가느냐를 두고 부부 싸움을 벌이다가 졸지에 남편이 아파트에서 뛰어내려 자살하는 일이 벌어졌다. 이 어이없는 일 이외에도 차례음식 장만이나 양가의 선물문제로 갈등을 겪어 부부 사이가 악화되는 일이 많다. 명절이 본래 남편집안 중심의 행사가 되다 보니 요즘 아내들이 더 이상 참지 못하고 이혼까지 불사하는 경우도 있다. 오죽하면 그동안 가부장제를 옹호해 왔던 성균관에서도 남성들의 명절 가사일 동참을 권장하고 있다. 세상이 변하니 대쪽같은 유림들도 변하는 건 인지상정일까?

재혼을 희망하는 남녀를 대상으로 한 조사에 의하면 결혼생활 중 추석기간 동안 양가 체재시간 배분현황에 대해 남성들은 '친가와 처가 반반씩'(43.6%)이 가장 높은 반면, 여성들은 '시가 위주'(45.5%)가 가장 높아 남여의 인식차이를 보였다. 실제로 명절 때 발생하는 부부간 마찰의 최대 원인으로는 남녀 모두 양가에 머무는 시간 배분문제를 꼽았다. 이 땅에 시어머니들은 명심해야 한다. 내 딸 올 때만 기다리지 말고 남의 딸 먼저 친정 보내줄 생각부터 해야 한다. 그래야 금쪽같은 아들의 편안한 내일을 보장받을 수 있다.

이제 명절은 지났다. 어떻게든 신경이 곤두서있는 아내를 달래줘야 다음 설날에도 군말 없이 따라나설 것이다. 주부들의 명절 증후군 해소법에 대한 설문에서 후유증을 한 번에 날리는 남편의 말은 '1주일 동안 집안 일 내가 다 할게'와 같은 가사분담형(44.2%)이 가장 높게 나타났고, '힘들었지? 당신 맘 다 알아' 등 공감형이 뒤를 이었고, '갖고 싶은 거 다 사줄게' 등 선물공세형, '사랑해, 고마워' 등 애정형으로 나타났다. 남편의 따뜻한 위로가 그 어느 것보다 약발을 받는다. 고생한 아내의 왼쪽 귀에 "미안해, 사랑해, 내가 다 해줄게"라고 속삭여 준다면 북극의 빙산처럼 꽝꽝 얼었던 마음이 줄줄 녹아 내릴 것이다.

"남편이 알아주면 얼마나 좋겠어요. 아는지 모르는 지, 왜 내가 화났는지도 모르고 쿨쿨 자고 있으니 나 혼자 잠 못 자면서 곱씹어본들 뭐 하겠어요. 이러니 옛날 남자 생각이 저절로 나죠. 이번에 친정에 갔더니 소싯적에 나 땜에 죽는다고 난리 치면서 따라다니던 남자가 출세를 해서 떡 하니 집 한 채 값이 넘는 차를 타고 고향에 왔다갔다고 친정엄마가 부러워하시더라구요. 그 못생겼던 얼굴에 개기름이 질질 흐르는 게 사람이 아주 잘 나 보였대요. 내 눈깔 내가 쑤신 거지요."

그런데 명절 때문에 부부사이가 나빠질 순 없다. 명절 덕분에 부부사이가 더 좋아져야 명절 두드러기가 안 생길 것이기 때문에 남편은 무슨 짓을 해서라도 아내를 감동시켜야만 한다. 아내가 엉뚱한 생각을 하지 못하게 막아야 한다. 그렇다고 하기 힘든 어마어마한 행동을 기대하는 것이 아니라 지극히 사소한(?) 일이다. 틈틈이 가사 일을 도우면서 아내의 힘든 거 다 알고 있다는 듯한 멘트와 사랑하고 고맙다는 말이 최고다. 여기에 빠질 수 없는 것은 충분히 사랑 받고 존중받고 있다고 느낄 만큼 보통 때와 사뭇 다른(?) 헌신적인 밤까지 서비스로 보탠다면 '비단 위에 꽃을 더한다'는 금상첨화로 아내는 다음 설날을 마악 기다리지 않을까?

아내는 채팅 중

61

인간의 가장 원초적인 본능인 섹스,

사이버시대엔 섹스도 달라진다. 바로 곁에 있는 배우자와 살을 비비며 나누는 진짜 섹스만이 아니라 내가 원하는 이상형과 언제 어디서나 얼마든지 섹스를 할 수 있다.

사이버섹스하면 보통 남성에 국한된 얘기 같지만 최근에는 여성의 인터넷 인구가 급증하면서 쌍방향 사이버섹스가 성행하고 있다. 미국의 경우에는 전체 이혼 커플 중 약 30% 이상이 사이버섹스 탐닉으로 별거중이거나 이혼한 것으로 나타났다.

그런데 우리나라도 인터넷 강국답게 못 말리는 중년들의 전성시대가 펼쳐지고, 요지경 세상이 되고 있다. 그네들이 노는 풍경을 잠깐 엿보면, 화상채팅 사이트는 수백 개의 대화방이 개설돼 있고 은밀하게 만날 수 있는 확률이 높아 인기 짱으로 접속자가 드글드글하다. 이들의 대화방 이름이나 대화명은 선정적인 대화명 일색으로 그야말로 가관이다. 채팅용어도 만만치 않아 노하우

가 없으면 알아듣기도 힘들다.

이미 알 것 다 아는 중년들에게는 위험 수위를 넘어선 지 이미 오래. 인터넷 화상채팅은 주로 시각과 청각을 자극한다. 채팅룸에서 만나 끈적끈적하고 야한 대화를 나누며 분위기를 띄운다. 일주일 동안의 섹스횟수와 좋아하는 체위 등 질펀한 대화들로 무르익을 때 가슴을 보이며 애무를 하는 여성, 홀딱 벗고 성기를 내 보이며 자위행위를 하는 남성, 적나라한 신음소리에 갈수록 뜨거워지는 음란패설까지 실로 혼자 보기 아깝다. 그 사이 가까워진 분(?)들끼리는 서로에게 '자기'라는 호칭을 쓰고 마음이 맞으면 쪽지로 전화번호를 주고받으며 퇴장해버린다. 바로 오프라인에서 만나 백이면 백 섹스로 골인하는 아우토반이다.

캐나다 제임스 올스와 피터 밀러의 실험을 보면, 쥐를 두 개의 버튼이 있는 작은 방에 가둔다. 한쪽 버튼을 누르면 먹을 것이 나오고 다른 쪽 버튼을 누르면 쥐의 시상하부에 장착된 자극기가 작동해 '쾌락 중추'를 자극한다. 쥐는 쾌락버튼만 수백 번 미친 듯이 누르다 뇌가 타 죽었다. 쥐와 사람이 똑같기야 하겠냐마는 사회적·경제적으로 성공을 이룬 중년남성들만이 딴 생각하는 건 아니다. 어느새 훌쩍 커버린 아이들이 엄마를 귀찮아할 나이가 된 중년여성들, 나이 들면서 잠자리가 시원치 않아 삐그덕거리면서 허한 마음을 달래기 위해 채팅에 빠져 진흙탕에 뒹굴기 쉽다는 걸 남편들은 알아야 한다. 슬쩍 건드렸다가 툇자를 맞았을 경우 드럽고 치사하다는 생각에 더 이상 자존심을 다치고 싶지 않으니 화상채팅에 빠져드는 것은 인지상정이다. 사이버 섹스는 언제나 '예스'인 온라인 섹스다.

지금은 미흡한 수준이지만 앞으로 인터넷 성인게임에서 성관계를 맺을 때는 시각과 청각은 물론이고 컴퓨터에 연결된 바이브레이터를 작동시키면 상대에게 자극을 주어 촉각까지 만족시켜줄 수 있다는데, 정말 이렇게 된다면 중년부부들은 아내 챙기랴 남편 감시하랴 더 긴장하며 살아야 할 것이다.

"아침에 식구 모두들 집을 나가면 바로 컴퓨터에 매달리게 돼요. 채팅접속이 잘 안 될 때는 조바심이 나서 미쳐버릴 것 같애요. 거기서 애타는 사랑을 가르쳐준 남친을 만났거든요."

"남편이 매일 밤 인터넷 음란사이트를 보며 계속 자위행위를 하길래 처음엔 모른 척 했는데, 하루 이틀도 아니고 완전 중독이 된 거예요. 잠도 안자고 밤을 꼴딱 새면서 채팅을 하길래 어느 날 나를 선택하든지 이혼하던지 하라고 악을 썼죠. 처음엔 다시는 안 하겠다고 하면서 한동안 뜸하더니 그 유혹을 떨치지 못하는지 다시 컴퓨터 앞에서 숨이 넘어가네요. 어쩌면 좋아?"

아내나 남편이나 마찬가지다. 쓰면 뱉아 버리는 부부는 희망이 없다. 젊었을 때와 똑같을 수는 없겠지만 이런 저런 이유를 붙여서라도 끈끈이나 쫀득이가 돼야 한다. 서로 싫증나고 재미없다고 구렁이가 돌 속으로 쏙 들어가 버리면 배우자를 컴퓨터에 뺏기지 않을까?

늙은 남편, 어린 아내

62

가장 이상적인 배우자 나이에 대해

저술한 프랑스 학자는 '결혼이란 남녀간의 신체적, 경제적 성쇠에 따라 보완되는 결합이어야 한다'고 하였다. 성적 능력이 왕성한 이십대는 정력을 상대의 경제력과 교환하고, 사십대가 되어서는 반대로 자신의 경제력과 상대의 정력을 맞바꾸는 것이다. 그 말이 정답이라면 이십년 마다 파트너를 바꿔야 된다는 소린데 뭐 귀신 씨 나락 까먹는 소리냐고 흥분할 분들과 듣던 중 제일 반가운 소리라고 할 분(?)들로 나뉠 것이다.

결혼을 할 때 무시할 수 없는 것이 바로 상대방의 나이다. 좀 지난 버전이지만 중년들이 결혼할 즈음에는 흔히들 여자는 나이가 진득한 남자를 만나야 사랑과 귀여움을 받을 수 있다고 생각했다. 남편이 나이가 많으면 이해심도 많고 여자가 철이 없어도 대충 넘어가 준다는 것이다. 그러다 세월이 조금 지나니 동갑내기는 티격태격하면서 시소 타듯이 살아도 금실이 좋아 궁합도 볼 필요 없이 잘 산다고 하였다.

그러나 요즘은 결혼상대가 나이 어린 남자라고 하면 너도나도 좋겠다고 부러워하는 추세다. 조사에 따르면 배우자의 이상적인 나이에 대해 3~4살 연상을 원한 남성이 25.4% 차지했으며, 여성은 18.7%가 연하의 배우자를 선호하고 있어, 연상 연하 커플에 대한 달라진 세태를 말해준다. 그러면서도 부부동반 모임에 참석할 때는 여자가 늙어 보여서 신경이 쓰일 것이고 나중에 남편이 바람을 피울지도 모르며 늘 엄마노릇 누나노릇을 해야한다고 우려하는 목소리도 있다.

그럼에도 불구하고 여자나 남자나 자신보다 어린 사람과 결혼을 하면 어쩐지 횡재한 것만 같고 뭔가 탁월한 능력이 있어 뵌다. 드러내놓고 얘기는 하지 않지만 음흉스럽게 미소를 지으며 따져보는 것이 있다면 밤일에 대한 상상 때문일 것이다. '저 사람 땡 잡았네. 어디서 저런 영계를 꼬셨을까'하면서도 '코피 꽤나 흘리겠는 걸, 아니면 속 꽤나 썩을 걸' 등등 부러움에 태클을 걸어보고 싶은 놀부 심보가 발동하기도 한다. 그러나 웬 걸, 우선 먹기는 곶감이 달다고 당장은 몰라도 나이 차가 너무 많을 때는 살다보면 무리가 따른다.

"친정 엄마가 그렇게 말릴 때 그만 뒀어야 했어. 어른들이 말릴 때는 그럴만한 이유가 있는 거야. 신혼 때는 모르겠더니 살다보니 세대 차를 너무 많이 느껴. 잠자리도 잊어버릴만 하면 한 번씩 하는데 그것도 영 신통치 않아. 그렇다고 난 한창이라고 자꾸 하자고 할 수도 없고… 돈 있으면 뭐 해. 젊은 남자랑 사는 친구들이 부러워죽겠어."

성적으로 성숙해지는 중년여성에 비해 남성이 중년 이후에 하향곡선을 그리는 이유는 호르몬 때문이다. 남성은 대체로 40세를 계기로 급격한 노화의 길로 접어들어 '마음만 청춘'으로 변해버리는데, 여성은 40대에도 여전히 왕성한 성 기능을 발휘하고 싶으니 어쩌면 좋을까? 활활 타는 장작불, 오래가는 연탄불, 약한 듯하나 불만 붙으면 확 타오르는 숯불일 때는 사내답게 잘 살아지지만 빨아 주어야 화력이 좋아지는 담뱃불, 온기는 있으나 헤집어야 불로 간신히 써먹을 수 있는 화롯불, 연기만 나서 맵기만 한 모깃불, 불도 아닌 것이 불인 척하는 반딧불이 되어 가면서 부인을 만족시켜 주지 못하니 갈등은 노골화되곤 한다. 결혼생활이 결코 2, 30대에서 끝나는 것이 아닌 다음에야 성적 능력의 변화에 잘 적응하고 긴 부부생활 후반기를 생각한다면 부부의 나이 차는 신중해야 한다.

"말도 마. 어린 색시라고 좋아했지. 그땐 순진하고 얼마나 좋았는지 몰라. 도둑놈 소리 들어가면서 결혼했는데 그게 말야 살다 보니 그게 아니더라구. 나는 나 나름대로 한다고 하는데 아내욕구를 다 따라갈 수가 없는 거야. 아내에게 미안하기는 한데 앞으로가 더 걱정이야. 대 놓고 내색은 안 하지만 아내 눈치가 보여서 내가 지레 못 견딜 거 같애. 요즘 후딱 하면 띠 동갑이니 뭐니 하는데 그거 다들 몰라서 하는 짓들이야. 그저 사람은 비슷하게 만나야 뒤탈이 없어."

부부가 살아가는데 잠자리만 가지고 따질 일은 아니지만, 그래도 무시할 수는 없는 일. 남편 늙었다고 구박말고 담뱃불도 감사하고 협조(?)나 잘해야 하지 않을까?

허리 아프다는 핑계는 이제 그만

63

성경말씀에 부부는 화목해야 한다

고 해서 매주 화요일과 목요일은 꼬박꼬박 사랑을 나누던 부부가 갑자기 생긴 허리통증으로 잠자리에 빨간 불이 켜졌다. 허리가 아픈 게 아무래도 부부관계를 때때로 챙긴 게 화근이 된 것 같아서 다 나을 때까지 밤일은 일단 접어야 한다고 씁쓸해 하는 부부가 있다.

허리에 문제가 있을 때에는 성생활을 못하는 것으로 아는 사람이 대부분이다. 또 허리디스크는 성생활 때문에 생기거나 더 악화된다고 생각하고 있다. 주위에서 아는 사람이 허리 아프다고 하면 안 됐다는 생각보다 우선 속으로 웃음이 나고, '얼마나 밤일을 심하게 했으면 저럴까?' 하는 생각과 함께 '제발 대충 좀 하라'고 농담을 하고 싶어진다. 과연 성생활이 요통을 불러오는 것일까? 요통 때문에 성생활을 못하게 되는 것일까?

버벌리 휘플 교수는 '섹스는 요통, 척추통을 없애 준다'고 하

였고, 미국 생리학자 웨스트 하이버도 '오르가즘은 가장 효과적인 근육 이완제로, 온몸의 근육이 이완되면서 통증이 사라진다'고 했다. 그리고 '섹스의 치유능력'이란 책을 쓴 주디스 삭스 박사도 '오르가즘 때 분비되는 엔돌핀은 요통, 편두통 등의 통증을 6시간 정도 완화시켜 준다'고 하였다.

성생활이 허리 통증을 감소시켜주는 이유는 성행위시 우리 몸의 말초신경 중에 접촉을 전달하는 신경은 굵은 신경이고, 허리에서 오는 아픈 통증을 전달하는 신경은 가는 신경이다. 우리 몸의 접촉신경은 통증 신경보다 약 3~50배정도 빠르게 전달되어 우리 몸의 척수후각에서 허리로 오는 아픈 감각을 억제한다. 성행위시 우리 몸에서 폭발적으로 분비되는 자연 진통제인 엔돌핀은 허리에서 오는 통증을 억제한다.

또한 오르가즘 후의 몸의 이완도 통증을 감소시키고, 허리근육과 뼈를 튼튼하게 한다. 여성에서는 에스트로겐을 분비시켜 칼슘이 뼈에 잘 흡수 되게 하여 골다공증을 예방을 하고, 남성에서는 테스토스테론이라는 호르몬을 증가시켜 뼈와 근육을 발달시킨다. 성행위시 골반과 허리의 움직임은 배와 허리근육을 단련시켜 허리를 강하고 유연하게 하고, 성행위시의 깊은숨은 산소를 우리 몸 구석까지 전달 시켜 신진대사를 활발하게 한다.

그러나 허리가 약한 사람들은 가급적 골반 움직임을 적게 하는 체위를 선택하는 것이 바람직하며 통증을 유발하는 체위는 피하는 것이 상책이다. 아무리 튼튼한 허리를 가졌다고 허리를 너무 믿고 무리한 체위로 척추에 스트레스를 가하다가는 자칫 허리를 망가뜨려 고생하는 수가 있다.

"아내는 허리가 아프다는 핑계로 근처에도 못 가게 하면서 화만 냅니다. 그런데 그놈의 허리는 어떻게 된 게 괜찮을 때가 없어요. 심하게 부부관계를 한 것도 없는데 말입니다. 그러니 무조건 들이댈 수도 없고 아주 골치 아픕니다."

"남편은 엄살쟁이라서 나 좀 안아달라고 하면 허리 부러진다고 기겁하며 놀라거든요. 남자의 생명이 허리인줄 알기나 하냐면서… 그래서 저는 아예 무거운 거 있어도 남편 안 시키고 제가 번쩍번쩍 들거든요. 얼마나 치사한데요."

중년이 되면 하나 둘 고장이 나기 쉽다. 어떤 사람은 성한 곳이 하나 없고, 온몸이 다 아프고 안 쑤시는 데가 없다고도 한다. 어느 날 아내가 허리 아프니 자기 건드리지 말라고 한다면 어떻게 해야 할까? 나이를 먹으면 확실히 운동을 해 줘야 하고, 특히 섹스는 허리근육강화운동에 최고인 데다가, 성경말씀보다 한 번 더 추가해 주당 세 번 이상하면 보통 10년(남자 12년 1개월, 여자 9년 7개월) 이상 더 젊게 산다니 아파 죽겠다고 엄살 떨지 말고 살살 해 버릇해야 한다.

"여보! 참 잘 됐네, 당신 허리 아프니까 오늘부터는 열심히 잡시다…"

"으이그, 내 팔자야"

바람 핀 아내를 용서하는 남편

64

중년들이 난리다.

어느 유명 탈렌트 부부처럼 이십 년 넘게 잉꼬처럼 살다 한순간에 깨지는 것이 현실이다. 통계청 자료에 의하면 4, 50대 중년 남녀들은 17명 중 1명이 이혼한 사람인 것으로 나타났고, 사오십 대 이혼한 사람이 전체 이혼한 사람의 70%를 넘는다고 한다. 이렇게 중년의 이혼은 이제 낯설지 않은 풍경이 되어버렸다.

보건사회연구원 조사에 의하면, '경우에 따라 이혼할 수 있다'거나 '이유가 있으면 하는 편이 좋다'는 등 이혼에 대한 긍정적인 생각이 48.6%나 된다. 경상대 조사 결과, 여성 52%, 남성 37%가 '이혼을 생각해본 적이 있다'고 했다. 이혼 후의 심경 역시, '남성은 아쉬워하는 데 비해 여성은 후련함을 느낀다'는 것이다. 과거에 소박맞는 여성들이 울며불며 바지가랭이 붙잡고 제발 버리지는 말아달라고 하던 때와는 격세지감을 느낀다.

중년 부부들이 이혼을 하는 주된 이유로 40대는 경제 문제를 가장 많이 꼽았고, 성격차이, 외도 등은 그 다음이었다. 50대도 성격차이와 함께 경제문제를 가장 많이 지적했다. 이혼이 늘어난 것은 민법이 개정돼 이혼 후 여성의 재산분할권이 신설되고, 50%까지 늘어나 여성들이 이혼을 더 쉽게 결정할 수 있게 돼 버렸다. 게다가 남편이 받는 국민연금을 결혼 기간에 비례해 절반 가량을 이혼한 부인에게 줘야 하고, 부인이 재혼을 해도 같은 액수를 계속 줘야 한다. 한 수 더 떠서 아내의 불륜으로 이혼을 해도 결혼 후 남편과 일군 재산을 절반씩 나누는 것이 최근의 추세다.

그러니까 요즘은 아내가 먼저 이혼을 제의하는 경우가 10건 중에 7건이나 된다. 이젠 배울 만큼 배운 아내들이 양성평등을 등에 업고 뭔가 꼬투리가 잡히면 참지 못하고 헤어지자고 난리다. 한참을 같이 산 아내들도 들킬 까 봐 조마조마해 하면서 바람 피지만 일단 들키고 나면 '똥싼 놈이 성낸다'고 아내가 먼저 이혼하자고 어이없는 선제공격을 해 와 남편을 놀라게 하기도 한다. 제발 가정만은 깨지 말라며 남편이 눈물까지 뿌려가며 애원해보지만 한번 떠난 핑크빛은 잿빛으로 칠해진다.

쿨 하게 이혼 수순을 밟는 것이 당연한 것 같지만 이런저런 이유로 아내의 외도를 알고도 남편은 벙어리냉가슴 앓듯 어쩔 줄 몰라 머리를 쥐어뜯는다. 남자 혼자 아이들을 키울 자신도 없고, 아내에게 아이들을 맡기자니 양육비에 교육비까지 꼬박꼬박 챙겨줘야 하고 재산도 나눠야 하니 이러지도 저러지도 못하고 있다. 이혼으로 인해 생기는 여러 가지 부담을 피하기 위해 이혼은 하지 않았지만 사실상 남남인 상태로 살면서 법적인 혼인 상태만을 유지하는 한 지붕 별거부부, 무늬만 부부들이 늘고 있다. 부부사이는 일단 실금이라도 생기면 고름이 살이 안 되듯이 덮어둔들 속으로 시뻘겋게 성을 내며 썩어 들어갈 뿐인데도 말이다.

"참 나 살다살다 별 꼴을 다 보네. 정말 여자들 천국이잖아? 어떻게 된 놈의 법이 그딴 법이 다 있어? 뼈빠지게 벌었는데 아내한테 다 뜯기고 나면 난 쪽박 차란 말이야? 대한민국 남자들은 죽어라죽어라 하네. 가뜩이나 회사에서도 자리 값하라고 닦달하고 명퇴니 뭐니 살얼음판인데, 마누라가 바람을 피워도 눈 시뻘겋게 뜨고도 모른 척해야 할 판이잖아. 괜히 욱하는 기분에 용감무쌍하게 이혼하고 딴 사람을 만나 봤자 더 낫다는 보장도 없고 집사람보다 못할 땐 후회해봤자 소용이 없고, 더럽더라도 애들 엄마가 낫지 않겠어?"

"국회의원들은 역시 착하단 말이야. 어쩜 그렇게 좋은 법을 만들었을까? 그 전부터 들은 얘긴데 '미국에서는 이혼을 하고 싶어도 아내한테 재산을 다 뜯겨서 그거 무서워서 못한다'더니 그 말이 딱 맞네. 우리나라도 드디어 선진국에 발 디뎠네. 여보! 우리가 지금 헤어진다면 집 팔아서 반절은 나를 줘야 하고, 또 당신 연금도 다달이 나랑 나눠 쓸래면 아깝고 속 쓰릴테니 내가 바람을 살살 피워도 모른 척 해주고 그냥 살면 안 될까?"

"되지, 되지… 되고말고?… ㅇㅇㅇ"

성 접대 받은 잘 난 남편

65

국회 의원들이 국정감사를 하러갔다가

성 접대까지 받았느니 안 받았느니 뉴스시간마다 시끄럽다. 누가 누구를 조사하고 누가 누구에게 조사를 받는다는 것은 상급기관과 하부기관 사이에 어쩔 수 없는 일일 것이다. 조사를 받는 사람 입장에서는 '어떻게든 잘 보여야 행여 꼬투리를 잡혀도 부드럽게 지나가지 않을까' 하는 마음에 깍듯한 예우를 하기 십상이다. 어떤 이유에서 왔건 우리 집에 온 손님에게 밥 한끼 대접하는 것은 때꺼리가 없어도 진지 잡숫고 가시라는 게 우리네 정서인지라 지극히 마땅한 예의일 것이다.

옛날에도 사또가 출장을 가면 부정부패가 심한 그 지방 수령이 산해진미를 떡 벌어지게 차려 대령하고 관아의 기생들에게 술시중을 드는 미인계를 쓰면서 부정부패를 덮으려고 애썼었다. 암행어사는 팔도의 민정을 살피고 감사를 하러 다녔지만, 뇌물수수와 기생 수청 등 잡다한 접대를 받았다. 그래서 조선의 관리들은 지방 출장이 힘든 여정이기는 해도, 각 고을의 미인들을 품에 안을 수 있는 합법적인 섹스유랑이라 기쁜 마음으로 다녔을 것이다.

이번 국감에서도 식사대접에서 끝났으면 될 것을, 단란주점에다 색시까지 대령한다는 건 좀 지나치다는 생각이 드나, 뒤가 구린 사람들 입장에서는 칙사대접이 마땅하다. 성매매특별법이 시행되면서, 성을 파는 사람뿐만 아니라 성을 사는 사람도 처벌받게 되어 성 구매자들이 많이 없어졌다고들 했는데 높으신 분들은 아직도 그 법이 어떤 법인지 잘 모르시고 세상이 어떻게 돌아가는 줄 모르시는 것 같다.

우리나라는 가부장적 남성위주 사회로 매춘을 어느 정도 용인해 왔고, 산업화가 이루어진 후에도 윤락가를 방치했었다. 향락

성 접대문화는 우리나라 기업문화의 하나로 자리잡고, 모든 로비에 끼어 들기 다반사다. 기업이 정부의 규제를 피하기 위해, 불법적인 인허가를 받기 위해, 혹은 계약을 얻기 위해 접대를 하지만, '성 접대만큼 확실한 게 없다'는 믿음은 사회 전체로 확산되어 왔다.

남자라면 누구나 성 접대를 받을 상황이 되면 조금은 망설여지겠지만 주어진 기회를 놓치고 싶지 않을 지도 모른다. 열 여자도 아니고 딱 한 여자인데, 어디 표시 나는 것도 아니고 일단 품고 보자고 할 수도 있다. 게다가 아무나 이런 향응을 받는 것이 아니니 그것 또한 능력의 잣대라고 할 수 있겠다.

"안 그럴라고 했지만 다같이 가는데 어떻게 저만 빠질 수가 있겠어요. 남자들은 사회생활 하다보면 어쩔 수 없는 상황에 엮일 때가 있어요. 베푼 사람에 대한 예의도 아니고, 양심에 꺼리기는 하지만 분위기 따라가다 보면 '에라 모르겠다' 뭐 그런 거죠."

접대를 하는 입장에서는 경험상 끝까지 확실하게 대접을 해야 일이 잘 성사되니까 아가씨들과 잠자리까지 풀 코스로 접대해 주고 나면 그들만의 비밀을 간직한 채 비즈니스는 매끄럽게 일사천리로 진행될 것이다. 그런데 그 짓거리를 하고 집에 와서 아내를 보면 어떤 생각이 들까? 미안한 마음에 아내에게 더 살갑게 구는 남편도 있을 것이나 혹시라도 눈치채지 않을까 하는 마음에 더 위엄을 떠는 남편들도 있을 것이다. 성 접대를 받았건 성 접대를 하느라 어쩔 수 없이 같이 동참했건 그게 용서가 될 수 있을까?

조사에 의하면 '남편이 성 매매를 한다면 어떻게 하겠느냐'는 질문에 이혼을 고려하거나, 경찰에 신고해서라도 다시는 못하게 한다는 강력대응 입장이 34.7%, 다시는 그러지 않도록 남편에게 약속을 받아낸다 41.1%였으나 속은 상하지만 모른 척 넘어가거나 그럴 수 있는 일이라고 용인하는 여성이 21.4%나 되었다. 남편이 자기 돈 내고 성 매매 한 것에 이 정도 아량을 베푸는 이 땅에 아내들이라면, 돈 한푼 안 들이고 성 접대를 받은 남편에게 '남자가 고자도 아닌데 그럴 수도 있다'며 하해와 같은 치마폭으로 감싸지나 않을까? 잘 난 남자들은 참 좋겠다. 잘 난 여자들은 언제쯤 거시기 받아 볼까나?

밥만 먹고 사냐?

66

한 이불을 덮으면서도 오로지 잠만 자는 부부들이 있다. 물론 각방까지 쓰면서 속이 숯 검댕이처럼 까맣게 탄 부부도 있지만… 얼마 전 불륜에 빠진 유명 탤렌드가 기자회견에서 '11년을 넘게 살았지만 부부관계는 단 10여 차례'라고 폭탄 발언을 했다. 함부로 드러내기 어려운 부부관계를 노골적으로 표현한 것이 놀랄 일이나, 그 횟수자체만으로도 또한 충격적이다. 굶다 못해 아사직전이 아닐런지… 별 불만 없이 부부생활을 해 왔던 커플들이나 불만 투성이었던 부부들도 이 이야기를 듣고 나서 자신들 부부관계 횟수를 되돌아보았을 것이다. 만족하고 사는 부부는 안쓰러워했을 것이고, 횟수가 적어서 불만이었던 부부들은 공감하면서도 서글픈 쓴웃음을 지었을 것이다.

남편에게 사랑 받지 못한 아내가 자신을 살뜰하게 아껴주는 남성의 품에 안기게 되었다는 얘긴데, 우스개 소리로 '밥만 먹고 사냐?'라는 말처럼 부부간에 밤일은 정말 중요하다. 부부는 일심

동체라지만 잠자리까지 그렇게 되기는 쉽지 않다. 속궁합이 맞아 둘 다 좋아하거나 둘 다 싫어한다면 참 괜찮지만, 어느 한 쪽이 더 하고 싶은데 해결을 못할 때 문제가 된다. 특히 섹스의 맛을 아는 중년여성이라면 더 간절할 것이다.

조사에 의하면 우리나라 기혼여성 중 한 달에 한 번 미만의 부부관계를 갖는 섹스리스 부부가 28%에 달한다고 한다. 두 사람의 합의 없이 섹스 없는 부부로 살아 불만과 고통이 따르는 한 쪽은 사는 게 사는 게 아니고, 우울증까지 걸릴 수도 있다. 요즘 아내들은 성 욕구를 숨기려는 과거와 달리 성생활이 행복한 결혼생활의 필요충분조건이 되어 버렸다. 그러니 성생활이 뒷받침되지 못하는 결혼생활은 모래성일 뿐이다. 신혼여행 때부터 별다른 이유 없이 부부관계를 거부한 남편에게 결혼 파탄의 책임을 물어 부인에게 위자료를 지급하라는 판결을 기억할 것이다.

"횟수는 애정의 척도가 아니라는 둥, 양보다는 질이 더 중요하다고들 얘기 하지만, 솔직히 내가 정상일까, 남들은 얼마나 자주 할까가 아주 궁금하죠. 친구 놈들이 술자리에서 거의 매일 한 시간씩 죽여준다고 떠들어댈 때 허풍일 거라고 애써 무시하기는 하지만 초연해 질 수가 없거든요. 그러니 모범 답안을 알고 싶고, 내가 중간은 가는지 비교해보고 싶어지는 건 당연한 거 아닌가요?"

대부분의 사람들은 자신의 횟수가 상대적으로 많은 건지, 적은 건지가 정말 궁금하다. 가장 바람직한 부부생활 횟수가 딱 부러지게 정해진 것은 없으나 그 기준은 다음날 생활에 무리가 없는 정도가 가장 적당하다. 매일매일 해도 전혀 일상에 지장을 받지 않는 사람이 있는가 하면 일주일에 한 번을 해도 다음날 피곤하여 출근을 꺼리는 사람도 있다. 얼마나 자주 하는 것이 정상적인 횟수라 단정지을 수는 없지만, 우리나라 성인 남녀가 '하고 싶은' 성관계 횟수는 1주일에 3번이다. 그런데 실제는 이에 못 미치는 부부가 허다하다. 그렇다고 섹스에 집착하거나 과도한 기대를 걸다 보면 섹스는 어느새 노동이 되고 노예가 된다.

"살면서 점점 부부관계가 뜸해지다보니 '내가 매력이 없나? 살이 쪄서 그러나?' 그런 생각이 들구요. '남편에게 딴 여자가 생긴 건 아닐까?' 하는 의심도 생겨요. 그래서 넌지시 떠보기도 하고, 핸드폰도 가끔 뒤지게 되죠. 남편도 늙으니까 정력이 딸려서 그런 거겠죠?"

제아무리 멋진 배우자라도 자꾸 보고, 자주 안으면 권태가 생긴다. 이런 권태를 '심리적 피로'라고 하는데, 어떤 일을 계속할 의사가 있음에도 불구하고 심리적, 신체적, 생리적 탈진 현상 때문에 계속할 수 없는 상태로, 이 현상은 성적인 데서도 나타나 대상이 바뀌면 성행위의 수준이 높아진다는 것이다.

심리적 피로를 핑계로 자꾸 새 파트너를 만들 수는 없고(?), 자신을 적당히 포장을 해서 남편을 속일 수만 있다면 얼마나 좋을까? 꽃단장에다 치장하고 분장해서 안 되면 변장, 가장, 위장까지 해 새 맛(?)을 느낄게 할 수도 있을 것 같은데… 그렇게 피나는 노력까지 했는데 '저 여자는 내 마누라가 아니다'라는 주문이 도저히 안 먹히는 남편에게는 누구처럼 부족한 횟수 채우러 나갔다온다고 협박을 하는 게 약이겠지?

아내는 왜 안 하고 싶을까?

67

자꾸 밤일을 하자고 아내 몸을 더듬으며 보채는 남편들이 있는가하면 가까이 온 남편의 손을 '팩'하고 뿌리치며 거절하는 아내도 있다. 남편은 자존심이 상해서 '에이 씨' 하고 돌아누워도 분해서 쉽게 잠이 오지 않아 뒤척거린다. 그렇게 번번이 딱지를 맞으면서도 참지 못하고 늘 구걸하는 남편은 자기 자신이 싫어진다. 그런 아내와 맘먹고 한 번이라도 하려고 하면 청소기 돌리랴 설거지 하랴 갖은 아양을 다 떨어야 겨우 한 번 승은을 입으니 부부관계는 연중행사가 돼 버린 지 오래다. 한참을 데리고 살았으니 보증기간도 지나 처갓집에 하소연 할 수도 없고 처량하기 한이 없다.

도대체 왜 그게 그렇게 하기 싫을까? 세월이 오래 지났건만 늘 새색시 마냥 내숭떠는 아내가 얄밉고, 성욕이 전혀 없는 건지 항상 싫다며 짜증내는 아내를 이해할 수가 없다. 중년의 남성들은 여자의 성적 욕구를 배려하도록 교육받지 못한 반면, 여성들은 욕구가 있는지조차 알 수 없도록 훈련받아왔다. 자신의 성적 욕구를 스스로 억압하다보니 성 욕구가 둔감해지고, 아내의 감정이나 느낌을 존중해주지 않는 남편의 요구에 반발하기 쉽다. 소녀경에서도 '남성이 지녀야 할 필수적인 기술 중 하나가 여성에 대한 지식이며 여성을 잘 알아야 완전한 사랑이 가능하다'고 했다.

"아내가 먼저 하자고 하면 얼마나 좋을까요? 남들은 잘 되질 않아서 못한다고 저를 부러워하는데요. 빛 좋은 개살구라니까요. 아내가 요리 핑계 조리 핑계를 대면서 도통 부부관계를 하려고 하지 않으니 아무리 잘 서면 뭐 합니까? 홧김에 서방질한다고 아무나 붙잡고 하고 싶다니까요. 요즘에 와서는 더 심한데, 뭔가

이유가 있는 게 분명해요. 그게 뭔지는 모르겠지만 정말 답답하고 미치겠어요."

섹스란 부부에게만 허락된 최고의 유희이자 가장 내밀한 대화이며 신에게 선물 받은 최상의 축복이다. 결혼에서 성생활은 부부간의 권리이자 의무다. 그럼에도 불구하고 이유 없이 성관계를 거부하는 것은 '부당한 대우'가 되어 이혼 사유가 될 수도 있다. 그러나 사실은 이유가 없는 게 아니다. 성욕감퇴증은 여성 성 기능 장애 중 가장 빈도가 높게 나타나는데, 이유는 여러 가지가 있을 수 있지만 대부분 정신적인 원인에서 출발한다. 부부가 자주 다투며 불화가 심할 때, 남편에 대한 미움과 혐오감 때문에, 잘못된 성 지식이나 종교적 신념으로 성행위를 불결하고 저속한 행위로 잘못 인식하고 있을 때, 남편의 이기적이고 폭력적인 성행위나 성행위 강요는 아내의 성욕을 감퇴시킨다. 반면에 신체적인 원인은 리비도를 관장하는 테스토스테론 수치가 낮거나 질 윤활액 분비를 촉진하고, 소음순과 질을 확대시키는 에스트로겐과의 밸런스, 난관수술이나 자궁적출술도 성욕을 떨어뜨리며, 수면 부족, 몸매 컴플렉스 등도 여성들의 성생활을 우울하게 하는 것들이다. 이렇게 이런 저런 원인이 있음에도 불구하고 대다수의 아내들은 병을 병으로 생각하지 않고 그냥 아무 생각 없이 사는데 문제가 있다.

"원래 결혼 초에도 별로 좋지는 않았지만, 남편을 사랑하고 남편이 하자고 하니까 그냥 응해준 거 뿐이에요. 자기 혼자 신나게 하고 끝내니 저는 왜 이 짓을 해야 하는 건지도 잘 모르겠어요.

남들은 오르가즘이니 뭐니 떠들더구만 저는 아무튼 좋았던 기억이 별로 없어요. 그래도 가끔은 남편이 안 됐고 또 바람을 피울지 모른다는 생각에 마지못해 보시하는 셈치고 해 주죠."

혼자만 즐거우면 땡이거나 실컷 때려놓고 그래도 사랑한다며 하려고 덤비는 남자의 아내, 남성호르몬이 야박하게 분비되는 아내, 젊었을 때 단칸방에서 숨죽이며 살았던 아내, 어려서 성추행 당했던 아내들이 그 짓을 하고 싶을까? 아무 고민 없다가 정자들이 좁아 터져 죽겠다고 아우성치면 내뿜고 싶어져 한 번씩 아내를 툭툭 건드리는 무심한 남편들, 응해주지 않는다고 헐크로 변하지는 않았는지, 어디 고장났나보다고 병원에 가보라고 소리 지르지 않았는지 되돌아 볼 일이다. 남편들은 졸지에 자신이 나쁜 놈인 거 같고 미안한 생각이 들지 않을까?

내시의 아내

68

우스개 소리로 내시는 회사설립을 하지 못한다는 말이 있다. 왜냐하면 발기인이 없고, 정관도 없으며, 난관에 부딪치면 헤쳐나갈 수가 없고, 회사가 어려울 때 남에게 사정할 수 없다는 것이다. 참으로 그럴듯한 말이다. 요즘 TV드라마는 화려한 궁궐 뒤켠에서 오직 왕의 그림자처럼 살다 간 성 불구자 내시들에 대한 얘기가 화제다. 그 덕분에 그동안 짐작만 했던 내시에 대한 생활상을 알게 되었으나 알면 알수록 더 알고 싶은 것들이 있다.

내시가 결혼생활을 어떻게 지속했을까? 왕이 내시에게 금혼령을 내리자 내시들이 데모를 하면서 '평생 내시로 살지언정 인간답게 살고 싶다'고 말하는 그들, 비록 자식을 낳지는 못할지언정 아내와 같이 살겠다는 말인데, 그렇다면 내시들이 부부생활이 가능하단 말인가? 내시들도 엄연히 한 가족의 가장이었으며 부인과 양자이긴 하지만 자녀가 있었고, 때로는 첩까지 두기도 하였으며 물질적으로는 부족함이 없는 생활을 하였다. 내시는 궁에서 먹고 자는 장번 내시와 출퇴근하는 출입번 내시가 있는데, 장번 내시도 일정기간을 근무한 다음 나갈 수 있어 내시는 모두 궁 밖에 가정을 두고 보통사람과 별 차이가 없는 생활을 꾸려나갔다.

내시들 중 다수는 선천적 고자였지만 일부는 스스로 양물을 잘라낸 자들도 있었다. 원래 고자라는 말은 생식기가 불완전한 남자로 발기가 되지 않는 것을 말하는데, 발기가 안 된다는 것은 남성호르몬 분비가 되지 않는다는 것으로 고환에 문제가 있음을 뜻하고, 물건이 있어도 제구실을 못한다는 말이다. 음경은 여성을 희열로 인도하고 남성 또한 사정의 쾌감을 맛보는 언제나 화려한 스타지만 고환은 음낭 속에 그저 덜렁덜렁 매달려 있어 언뜻 보기에는 아무런 도움도 되지 않는 것처럼 보이나 남성호르몬을 분비하고, 정자를 생산하는 아주 중요한 일을 한다. 우리나라 내시는 고환만 없을 뿐 음경은 있었기 때문에 20% 정도는 발기가 가능해 성관계를 할 수 있었고, 단지 사정액에 정자가 없어 임신시키는 일은 불가능했다고 하는데 글쎄다.

성관계가 어려운 내시들은 도구를 이용해 부부관계를 가졌을 것이라는 추측도 있다. 내시들은 부와 권력을 얻었지만 성적 욕망을 풀 수 없었기에 돈을 주고 산 어린 처녀들을 어루만지는 것으로 한을 풀거나 정상인보다 호사스런 성애를 탐닉했고 관음증이나 오럴섹스를 통해 성욕을 해소했으며 동성애를 하기도 하였다. 이처럼 없이(?) 사는 남자도 뜻대로 잘 안 될 때는 나름대로 성욕을 풀어내는 방식이 있었다. 이네들이야 처지가 그러니 그러려니 이해가 되지만 엄연히 있는(?) 남자가 없는 사람 흉내를 내며 살아간다면 얼마나 웃기는 이야기인가?

"권력이나 명예면 다야? 돈만 벌어다 주면 다야? 요새 밥 못 먹구 사는 사람이 어디 있어? 있으면 뭐해, 써먹지도 못하는데. 다들 살을 비비며 사는데 우린 통 그런 게 없으니 집안 공기가 늘 냉냉하지. 뭔가 오고가는 게 있어야 살가와지는 거 아냐? 내시들은 아내가 도망갈까봐 그렇게 잘 해준다는 데 우린 그렇지도 못하면서 큰 소리만 땅땅 치고 있으니 이게 사는 거냐구?"

"뼈빠지게 돈 벌어다 줬는데 뭐가 불만이야? 있으면서 못하는 심정을 당신은 알기나 해? 나라고 왜 안하고 싶겠어? 그 마음 헤아려 줄 생각은 왜 못해? 답답하고 미치겠는 건 당신보다 내가 더하다구."

요즘 시대 남편들은 정말 살아내기 힘들다. 세상은 빠르게 변하고 끝없는 경쟁 속에 허덕이며 살아가고 있다. 성관계가 가능한 내시들도 사정을 못하는 괴로움 때문에 아내의 목덜미와 어깨를 깨물었다고 하는데, 거시기가 멀쩡하면서 잘 안 되는 남편의 마음도 편치 않을 것이다. 남편이 잠자리에서 시원찮다고 불평하는 아내들은 깊이 생각해 볼 일이다. 갑자기 줄어든 남편의 정력 탓만 하지 말고 거시기를 우뚝 세우는 데 공을 들이는 건 어떨까? 59분 동안 열심히 세워서 1분을 하는 한이 있더라도…

"으이구, 안 하고 말지…"

술독에 빠진 12월의 남자들

69

세월은 어김없이 흘러

올해도 마지막 카렌다가 달랑 한 장 남았다. 젊었을 때는 '12월이 오면 크리스마스도 있고 눈도 오니 참 좋다'라는 생각만 했었지만 중년이 되니 크리스마스가 온들 심드렁하고, 눈이 와도 맘은 살짝 설레기는 하지만 딱히 신나는 일이 없으니 그런 것들은 내께 아니라고 생각한다. 주위사람들이 눈 왔다고 여기저기 전화질 해대는 꼴이나 문자 보내는 것들도 보기 싫다. 발정 난 강아지처럼 흥분하고 시끌벅적하는 꼴도 부러워죽겠는데 한 수 더 떠 끼리끼리 엉겨붙어 길거리를 헤매는 젊은것들을 보면 울화통까지 치민다.

평소 인간성 좋은 직장 동료들은 송년회 약속 전화들을 받고 자기들의 만남을 미리 상상하며 기뻐하는데 아무 생각 없이 산 사람은 갑자기 왕따 당한 거 같아 씁쓸하다. 어디라도 한 다리 끼고 싶은 마음에 가자니 그렇고 안 가자니 그런 어정쩡한 모임밖에 없다. 더 약오르는 것은 수첩에 깨알같이 적어놓고 너무 바빠

죽겠다며 징징대지만 얼굴은 좋아죽겠다는 표정으로 남들을 헷갈리게 만드는 인간들이 얄밉고 귀싸대기 갈겨주고 싶은 심정이다.

"야! 12월은 빈 날이 하나도 없으니 술 꽤나 마시겠는데. 술도 이젠 그만 마셔야지 젊었을 때는 모르겠더니만 이젠 술 마시니까 취하더군. 폭탄주 서너 잔 마시니 그대로 가버리더라구. 작년 말에는 하두 많이 마셔서 술병까지 났었잖아. 속 다 버리고…. 야! 이거 한 달을 어떻게 버티지?"

1차는 저녁식사 하면서 술을 곁들이고 2차로는 자리를 옮겨서 입가심이랍시고 또 마시고 술 좀 깨고 가야한다고 노래방에 들러서 캔 맥주로 또 입을 가신다. 두루마리 화장지를 콧구멍에 끼워 넣고 탁자 위에 올라가 바락바락 핏대 올리며 노래부르다 넥타이 풀어서 이마댕기하고 놀다가 집에 갈 때, 경찰들은 어김없이 음주단속 하는 빨대를 들이대며 불라고 '더 더 더'를 외치고, 집에 가면 사모님들의 구박뎅이가 되어 깨끗이 씻고도 거실에서 자야만 한다. 다음 날 아침에는 이불 속에서 기어 나오기 힘들고 출근해서도 속이 쓰려 일이 손에 잡히지 않는다. 조사에 의하면 직장인들의 82%가 송년회 술 때문에 다음날 근무에 지장이 있으며 66%는 2차까지 가는 것으로 나타났다.

술은 사랑을 가꾸는 미약일 수도 있지만 사랑의 기쁨을 빼앗는 독물일 수도 있는 두 개의 얼굴을 가지고 있다. 술은 칙칙한 위선의 껍질을 벗겨내는 힘이 있어 술에 의해 빨개 벗은 본성은 그 사람의 내면을 그대로 보여준다. 술과 잘 사귄 해피 드링커(happy drinker)의 술잔엔 사랑과 여유가 넘쳐, 섹스의 색깔을 바꾸기도 한다. 근심과 걱정 찌꺼기, 미움과 원망의 앙금이 술에 용해되어 오직 섹스에만 몰두할 수 있기 때문이다. 술이란 잘 다루기만 하면 즐거움을 곱절로, 슬픔을 반분하는 인생의 좋은 친구다.

그러나 술과 잘못 사귄 키친 드링커(kitchen drinker)에겐 술이 파멸의 불씨가 되기도 한다. 사람이 술독에 빠지면 거시기도 술독에 빠져 제멋대로 행동한다. 공포의 12월, 발기가 되는 날보다 안 되는 날이 더 많은 중년 남성들은 매일 이어지는 폭음으로 축축 처지는 물건이 더 걱정이고, 술 마셔서 속 쓰린 것보다 더 아리고 아프다.

아내들은 술에 절어 인사불성인 상태에서 씻지도 않고 섹스를 하겠다고 덤벼드는 남편을 용서할 수가 없다. 술 냄새는 코를 찌르고, 어떤 달콤한 말이나 다정한 손길 없이 겁탈하듯 덤벼들어 꾸겨 넣고는, 제대로 구실도 못하면서 팍 고꾸라지는 남편의 물건 앞에 증오에 떨기도 한다. 문전만 더럽히는 섹스가 반복되면 아내는 어떤 구실을 만들어서라도 거부하게 되고 남편은 그 책임에서 자유로울 수 없다.

"그러면 그렇지, 술이 떡이 돼서는 내가 아가씨로 보였는지 웬일로 뎀빈다 했더니만… 내 다시는 하나봐라. 요즘엔 뜸해서 하는 대로 놔 뒀더니만, 에이! 기분만 잡치고 말았어…"

집에 있는 아내들이 제일 싫은 12월! 세상에 모든 달력이 11월 다음에 1월로 건너뛰면 안 될까?

벼락맞을 확률보다 적은 남편의 팬티선물

70

중년들은 다 알 것이다.

빤쓰가 뭐라는 걸. 국어사전에는 '속잠방이, 팬티로 순화'라고 되어있다.

"난 솔직히 누가 데이트하자고 할까봐 겁나. 전 원짜리 빤쓰 입고 챙피해서 어떻게 바람 피냐?"

얼마 전 TV 드라마에 나온 대사다. 맞다. 보통의 아내들은 푹푹 삶아서 뽀얗게 빨아 입는 구닥다리 팬티가 창피해서 바람도 못 핀다는 것이다. 제일 편하다면서 입지만 사실 편한 거만 찾으면 안 되는 건 아내들도 다 알고 있다. 다른 건 못 사더라도 팬티만큼은 좀 화사한 것으로 바꿔보는 것이 좋지 않을까?

한동안 아줌마들 사이에 팬티이야기가 회자된 적이 있었다. 몇 년 전 비행기 사고로 어떤 치마 입은 여자를 헬기로 구출해내는데 밧줄에 대롱대롱 매달려 올라가면서 치마가 펄럭이고 팬티가 TV뉴스를 통해 생중계 된 것이다. 그 때부터 아줌마들의 입에서 '사람은 살다가 어떤 일이 있을지 모르니 평상시에도 팬티만은